In diesem Buch feiern renommierte Autor*innen, Übersetzer*innen und Journalist*innen Königin Elizabeth II. und erzählen, warum sie sie so bewundernswert finden, weshalb sie ihr Leben über all die Jahre ihrer Regentschaft verfolgt haben, was den Reiz des englischen Königshauses für sie ausmacht und weshalb die englische Königin als Frau, Ehefrau, Mutter und auch als Staatsoberhaupt und Diplomatin in einer so angesehenen Führungsposition ein Vorbild in unserer heutigen Gesellschaft ist. Die in diesem Band versammelten Texte von Ann Anders, Franziska Augstein, Pieke Biermann, Patricia Dreyer, Nina George, Sali Hughes, Thomas Kielinger, Renate von Matuschka, Gloria Fürstin von Thurn und Taxis und Gordon Tyrie sind Ehrung und Würdigung dieser beliebtesten und bekanntesten Königin.

Denise Schweida (Hg.)

GOD SAVE THE QUEEN

Was wir an Elizabeth II. bewundern

Besuchen Sie uns im Internet:
www.knaur.de

Aus Verantwortung für die Umwelt hat sich die
Verlagsgruppe Droemer Knaur zu einer nachhaltigen Buchproduktion
verpflichtet. Der bewusste Umgang mit unseren Ressourcen, der Schutz unseres
Klimas und der Natur gehören zu unseren obersten Unternehmenszielen.
Gemeinsam mit unseren Partnern und Lieferanten setzen wir uns für eine
klimaneutrale Buchproduktion ein, die den Erwerb von Klimazertifikaten
zur Kompensation des CO_2-Ausstoßes einschließt.
Weitere Informationen finden Sie unter: www.klimaneutralerverlag.de

Originalausgabe März 2022
Knaur Verlag
© 2022 Knaur Verlag
Ein Imprint der Verlagsgruppe
Droemer Knaur GmbH & Co. KG, München
Alle Rechte vorbehalten. Das Werk darf – auch teilweise – nur mit
Genehmigung des Verlags wiedergegeben werden.
Covergestaltung: ZERO Werbeagentur, München
Coverabbildung: mauritius images / Newsphoto / Alamy
Satz: Adobe InDesign im Verlag
Druck und Bindung: CPI books GmbH, Leck
ISBN 978-3-426-28611-1

2 4 5 3 1

KEEP CALM AND CARRY ON

INHALT

ROYALER TOAST
9

Ann Anders
QUEENIE UND ICH
11

»SIE SEHEN DAS FEUERWERK«
23

Nina George
DIE LETZTE DEMOKRATIN
31

Thomas Kielinger
KOMPLETT FÜHLT SICH DIE QUEEN NUR
MIT DEM COMMONWEALTH
41

DIE ELIZABETHANER
59

Gloria Fürstin von Thurn und Taxis
NOBODY DOES IT BETTER!
Königin Elizabeth II. ist der Gold-Standard
für Staatsoberhäupter
63

Sali Hughes
DIE FARBEN DER QUEEN
77

Franziska Augstein
IM BETT MIT ELIZABETH
89

Renate von Matuschka
MEINE FREUNDIN, DIE KÖNIGIN
103

Patricia Dreyer
DER SCHWAMM UND DIE DRAMA-QUEEN:
Elizabeth, Diana und die Würde Ihrer Majestät
123

Pieke Biermann
GUILTY PLEASURES
135

Gordon Tyrie
DIE QUEEN IN SCHOTTLAND
139

ANHANG
Die Autorinnen und Autoren 163
Quellennachweis der Texte 167
Bildnachweis 169

ROYALER TOAST

Was macht den Reiz eines Königshauses aus? Warum bewundern wir die Queen oder andere Mitglieder der königlichen Familie? Welche Bedeutung hat eine königliche Familie heute noch? Finden wir die Queen wegen ihrer farbenprächtigen Kleider und Hüte toll und weil die Medien uns das täglich zeigen, oder setzen wir uns eher gesellschaftlich und politisch mit dieser Fragestellung auseinander? Ist das Unerreichbare, das Märchenhafte und romantisch Verklärte, einmal Prinzessin sein zu wollen, das Reizvolle? Oder geht es doch darüber hinaus und beeinflusst unser aller Leben? Wie sehen Journalist*innen, Autor*innen, Fürst*innen, Übersetzer*innen heute Königshäuser, besonders das englische? Wieso hat speziell diese Familie, allen voran Königin Elizabeth II., eine so große Sogkraft und beschäftigt uns so intensiv?

Diesen Fragen wollten wir uns nähern und haben zu ihrer Beantwortung einen besonderen Anlass gewählt: den 70. Jahrestag der Thronbesteigung Ihrer Majestät am 6. Februar 1952. Gekrönt wurde sie im darauffolgenden Jahr am 2. Juni 1953 in Londons Westminster Abbey. Entstanden ist eine Sammlung dessen, was die Königlichen für viele Menschen heute so anziehend macht, welche Aspekte die eine Beobachterin so besonders in ihren Bann ziehen und den anderen Zuschauer so intensiv beschäftigen.

Ich bedanke mich an dieser Stelle sehr herzlich bei den Autor*innen dieses Bandes. Sie haben sich sehr gern die Zeit genommen und die Queen ganz privat betrachtet, nostalgisch, auf augenzwinkernd humorvolle Weise, bisweilen auch kritisch oder vor politischem Hintergrund. Herausgekommen ist ein unterhaltsamer Einblick in das royale Leben von Queen Elizabeth II., über die es so viel zu sagen gäbe; das Buch erhebt keinen Anspruch auf Vollständigkeit – denn wollte man alles aus dem Leben der Königin festhalten, reichte sicherlich eine 30-bändige Ausgabe nicht aus.

Freuen Sie sich mit mir auf einen Blick hinter die Kulissen, einen kurzweiligen Gang durch die royale Geschichte, durchstreifen wir gemeinsam die Landschaften des Königreichs und schauen wir, wie weit die einmalige Queen Elizabeth II. in unser privates Leben eingedrungen ist, mit uns am Tisch sitzt oder neben uns im Bett liegt. Die Monarchie wird noch ein paar Jahre bestehen bleiben, und es wird spannend sein, ihren Weg weiterhin zu begleiten. Versammeln wir uns doch bei Hochzeiten, der nächsten Krönung oder Reisen in ferne Länder, genießen wir gemeinsam Scones, Sandwiches und Shortbread, sehen den Royals zu und stoßen mit einem gepflegten Gin Tonic an: *This is to you, Lilibet! God Save the Queen!*

Denise Schweida im Frühjahr 2022

Ann Anders

QUEENIE UND ICH

Englands Königin Elizabeth II. nach der Eröffnungszeremonie der sechsten Sitzung des Senedd, des walisischen Parlaments, Cardiff, am 14. Oktober 2021.

Das erste Mal sah ich Queen Elizabeth im Kino, es war auch mein erstes Kinoerlebnis, noch vor »Bambi«. Meine Mutter nahm mich mit in das AKI im Frankfurter Hauptbahnhof. Statt der üblichen zwanzigminütigen Wochenschauen, bei denen Reisende die Zeit verbringen konnten, bis ihr Zug fuhr, gab es diesmal eine Sonderausgabe zur Krönung. Ich war infolgedessen völlig überwältigt von den großformatigen Bildern und von der Pracht und den Feierlichkeiten, die eine junge, schmale Frau in den Mittelpunkt stellten. Sie schaute so ernst und war so schön in ihrem schmalen weißen Kleid. Umringt von Männern in breiten, steifen Roben, bekam sie eine ebensolche prächtige Robe umgelegt und eine Krone aufgesetzt, unter der sie ganz verschwand. Es war ein Augenblick großer Freude, so sagte es der Kommentator. Ich fand, es war irgendwie traurig. Ernst, aber schön.

Ich hatte Bilder in den Sonderbeilagen der britischen Sonntagszeitungen gesehen, die meine Eltern, gerade aus England zurückgekehrt, abonniert hatten. Von ihrer Märchenhochzeit, Jahre zuvor. Von ihrem noblen, kranken Vater, von ihren kleinen Kindern. Aber jetzt, da sie gekrönt wurde, auf der Leinwand, in bewegten Bildern: Es war für ein kleines Mädchen von vier Jahren so beeindruckend, dass ich angeblich die Nacht nicht schlafen konnte.

Seitdem beschäftigt mich diese Frau, formal immer noch meine Regentin, ich immer noch ihre Untertanin. Sie war die Märchenkönigin, wunderschön (wie ihre

Schwester), schick gekleidet nach damaliger Mode, ein gut aussehender Mann an ihrer Seite.

Längere Zeit fantasierte ich, ob ich nicht auch Märchenprinzessin werden könnte, indem ich ihren Sohn heiratete. Aber, wie ich herausfand, war er zu jung für mich – um weniger als ein Jahr, aber immerhin. Dieser Weg war also verschlossen, und im Laufe der Jahre konnte ich mir auch nicht vorstellen, wie ich sie und ihn je treffen könnte.

Das erste Mal sah ich sie leibhaftig, als ich mitgenommen wurde, um vierzehnjährig in Welwyn Garden City am Straßenrand zu stehen und ihr zuzuwinken. Gerade hatte sie eine Plakette an der örtlichen Bücherei (oder Kindergarten oder Gemeindezentrum) enthüllt. Sie fuhr in ihrem Rolls-Royce vorbei, und alle jubelten und winkten. Ich stand dabei und erkannte niemanden. Die Scheiben spiegelten in der Sonne, und man konnte nur ahnen, dass dahinter jemand saß. Man jubelte also jemandem zu, den man gar nicht sah. Eine Plakette an einer unbedeutenden Wand zu enthüllen, wie sie es tausendmal tun musste. Und dann vorbeizufahren, ohne dass man sie sah. Und wahrscheinlich huldvoll zu winken, obwohl ihre Untertanen sie gar nicht sahen. Wie absurd war das denn? Da wurde mir klar, dass es nicht um die Frau ging, die da vorbeifuhr, sondern um etwas, das größer war als diese Frau.

Eine weitere Begegnung bleibt mir ebenso in Erinnerung, obgleich sie ganz anders war. Ende der Sechzigerjahre war ich häufig und lange in London, und eines schönen Tages lief ich durch das vornehme Westminster, um zu einer U-Bahn-Station zu kommen. Ich bog rechts um die Ecke, als ein Bobby vor mir stand, der mit erhobener Hand »*Stop!*« sagte.

Ich schaute ihn an, er mich, und auf meine Frage »*Why?*« sagte er nur: »*Please wait!*«

Dann sah ich aus einem der Häuser eine Frau um die fünfzig herauskommen, begleitet von einer weiteren Frau und zwei Männern. Die Frauen stiegen in ein Auto, das gewartet hatte, die Männer in ein weiteres dahinter. Ich schaute ihnen zu, der Bobby sah mich die ganze Zeit an. Bevor die erste Frau in das Auto stieg, in einem konservativen Wollkostüm und mit einem Hut, lächelte sie mich an. Ich lächelte zurück, reflexhaft, wie man es tut, wenn man angelächelt wird. Die Autos fuhren davon. Der Bobby schaute mich immer noch an und sah auf meinem Gesicht, wie bei mir langsam der Groschen fiel.

»*Yes.*«

»*Her?*«

»*Yes.*«

Und gab mir den Weg frei.

Nach dieser ausführlichen Unterhaltung versuchte ich, den Grund des Besuches in dieser Straße zu erfahren. Natürlich nicht von dem Bobby, der nichts sagen würde. Auch die Häuser der Straße gaben keinen Hinweis. Anwalt? Arzt? Schneiderin? Ich stieg mit dem Gefühl in die U-Bahn, dass ich die Königin bei etwas Privatem gesehen hatte. Das ich eigentlich nicht sehen sollte. Was ging es mich an?

Aber natürlich wollte ich es wissen. Schließlich war die Frau, die aus dem Haus kam, die Monarchin. Eigentlich hätte sie mit Trompetenklängen und Hofstaat auftreten müssen. Zumindest mit einer Tiara. Oder inmitten einer

Menschenmenge. Nicht so in einer leeren Straße mit einer zufälligen Person und einem Bobby, der ihr den Rücken zuwandte.

Was mich beschäftigte, war die Tatsache, dass ich die Königin immer in ihrer Rolle als Monarchin gesehen hatte, sehen sollte. Hier war die private Frau aus einem Haus gekommen. Diese private Frau, so begann ich zu verstehen, musste sich eine andere zeichenhafte Identität umlegen, wie ihre Krönungsrobe, um in ihrem anderen Körper zu sein.

Die Trennung des öffentlichen und des privaten Leibes des Monarchen geht zurück auf das mittelalterlich-religiöse Konzept der Monarchie. Nicht die einzelne private Person ist die Monarchie, sondern die Erbfolge aller von Gott auserwählten Personen dieser Familie. Ernst Kantorowicz hat 1957 das Buch dazu geschrieben, »The King's Two Bodies«, und er nennt die zwei Körper den politischen und den natürlichen Körper. Nur so ist zu erklären, dass der private Leib (wie ich ihn nenne, um nicht Kantorowicz' bahnbrechendem Buch zu nahe zu kommen) der Öffentlichkeit entzogen werden soll. Natürlich können wir ihn uns immer anschauen, wenn wir die Königin sehen. Aber die Vorstellung von Monarchie ist doch ganz stark darauf aufgebaut, dass die jeweilige königliche Person hinter der Krone zurückzustehen hat.

Und diese Vorstellung zerfällt langsam.

1936, als König Edward VIII. abdankte, um eine geschiedene Frau, auch noch eine Amerikanerin, zu heiraten, da glaubten viele an eine Staatskrise und an ein mögliches Ende der Monarchie. Diese Erfahrung prägte den Hofstaat für alle weiteren Ereignisse.

Als 1955 die Schwester der Königin, Princess Margaret, einen geschiedenen Mann heiraten wollte, stand die Öffentlichkeit mehrheitlich hinter ihr. Aber obwohl sie in der Thronfolge ziemlich weit nach hinten gerutscht war, durfte sie nicht. Ihre Schwester, als Königin gleichzeitig das Oberhaupt der *Church of England,* die Scheidungen nicht anerkannte, verbot es ihr, sehr zum Entsetzen vieler ihrer Untertanen.

Als ihr Sohn Charles sich 1996 von seiner Frau scheiden ließ, waren die Untertanen so gespalten, dass wiederum der Thron, vor allem der Thronfolger, in konstitutionelle Gefahr geriet. Er konnte seine nächste Frau erst heiraten, als die erste gestorben war.

Denn im Laufe der Jahrzehnte hatte sich die Struktur der Öffentlichkeit so gewandelt, dass nichts mehr privat blieb.

Gab es bei den vorherigen Scheidungen (um nur diese privaten Ereignisse zu nennen) eine königliche Verlautbarung, die von den Zeitungen abgedruckt wurde, hatten nun Medien und soziale Medien den Schauplatz verändert. Diana, die glaubte, diese Medien zu beherrschen, um dann von ihnen in den Tod getrieben zu werden, spielte mit ihrer Popularität als Prinzessin der Herzen und zeigte jede Regung ihres gebrochenen Herzens. Damit war eine Übereinkunft hinfällig, dass der private Körper nicht den politischen überschreiben darf.

Die große Welle der Trauer, die nach dem Tod Dianas das Land erfasst hatte, galt ja nicht nur der jungen Frau, die gestorben war, sondern der Ablehnung der vermeintlichen Deckungsgleichheit zwischen öffentlicher und privater Person. Sie war zwar von hohem altem Adel, aber doch eine von uns. Sie hatte sich privat gezeigt, immer wieder, ihre Pein war allen vertraut, sie hatte sich in ihrem Interview mit der BBC 1995 entblößt, niemand verstand mehr, warum die königliche Familie sich hinter Protokollen und Ritualen versteckt hielt. Erst als die Königin fünf Tage nach dem Tod der Prinzessin eine informelle Ansprache hielt, als Königin, vor allem aber als Großmutter, wurde diese Kluft zwischen privater und öffentlicher Figur auch bei der Königin deutlich. Man hatte verstanden, dass auch die Königin Gefühle zeigen muss, wenn sie weiter Königin bleiben will.

Inzwischen sind drei ihrer vier Kinder und manches Enkelkind geschieden – eigentlich eine ganz normale Familie. Aber dies ging einher mit dem Verlust der königlichen Aura, denn diese besteht nun mal aus Geheimnis und Ferne.

Als der Enkel Harry, traumatisiert durch das Leben und den Tod seiner Mutter Diana, aus dieser ganz normalen Familie austreten wollte, beschädigte er auch die Firma. Die Firma, das Königshaus, besteht aus ebendieser Familie, seit Jahrhunderten von Gott auserwählt, nicht von einem Volk, niemand kann sich dem entziehen. Er sagte, sein Vater und sein Bruder »säßen in der Falle«. Mit »Falle« meinte er die Selbstverleugnung dieses königlichen Lebens, immer in der Öffentlichkeit, immer alten Regeln zu folgen, wie Bühnenauftritte in einem Theaterstück, dessen Skript sich immer mehr von der Moderne entfernt hat und bei dem er kein Mitspracherecht hatte. Als er eine geschiedene Amerikanerin heiratete, war die Aufregung nicht mehr so groß wie noch bei seinem Großonkel Edward VIII. Vielmehr war ihre Hautfarbe, afroamerikanische Mutter, weißer Vater, nun der Angriffspunkt.

Das britische Empire hatte jahrhundertelang die in ihrem Herrschaftsbereich lebenden farbigen Menschen ausgebeutet und hatte seinen Reichtum, auch den der Krone, aus dieser Ausbeutung bezogen. Aber in einer Zeit, in der das Empire nur noch aus glorreichen Erinnerungen und inzwischen aus wenigen Nationen besteht (genannt Commonwealth, also Gemeinwohl), ist immer noch eine farbige Schwiegertochter eines künftigen Königs unvorstellbar. Natürlich, gerade bei der englischen konservativen Boulevard-Presse regten sich alle gestrigen Vorurteile gegenüber einer Heirat in diese Familie und Firma, die der Inbegriff von weißer Vorherrschaft war. Es war Rassismus, der bei dieser Heirat zur Abwertung der Braut führte, nicht mehr ihre Scheidung oder dass sie Amerikanerin war oder Schauspielerin (wobei all das natürlich auch eine Rolle spielte). Sondern es war ihre dunklere Haut und alles, was man bei ihr an »Negroidität« glaubte, finden zu können, welches die Boulevardblätter zu sehr eindeutig rassistischen Schlagzeilen verwendeten.

Und das Königshaus, die Firma, schwieg dazu. Man zog sich zurück auf den alten Standpunkt »Don't complain, don't explain«, und ließ das Paar alleine für sich kämpfen. Natürlich hatte das Königshaus immer Einfluss gegenüber der Presse genommen, man rief den Chefredakteur an, man appellierte an die Verschwiegenheit und an den Respekt für das Königshaus. Nur diesmal nicht, waren die Übertretungen doch zu breit, zu weit gestreut, zu tief in Häme getaucht, als dass man noch einzelne Verleger oder Journalisten bitten konnte. Das vielköpfige Internet befeuerte die öffentliche Meinung, und die Hofschranzen im Palast waren vielleicht sogar deren Meinung, auf jeden Fall untätig. Man versuchte, den Sturm auszusitzen, aber Harry (der sich auf die Erfahrungen seiner Mutter bezog) und Meghan (die bereits ein Leben mit der Presse als Schauspielerin geführt hatte) blieben nicht sitzen. Sie verließen die Firma und damit auch die Familie. Aber natürlich kann niemand eine Familie, auch keine bürgerliche, »verlassen«. Vor allem nicht eine, die eine Firma, eine Institution ist. Die mit ihren Mitgliedern das Land repräsentierte. »Geht es dem König gut, geht es auch dem Land gut«, sagte man von Heinrich VIII., der seine Krankheiten nie zeigen durfte.

Wie immer Harry und seine Frau sich in ihrem Leben einrichten werden, es wird schwieriger sein als bei anderen *Celebrities,* denn sie bleiben auch *Royals.*

Und jetzt ist die Königin, ist ihr privater Leib alt und hinfällig geworden. Als eine Greisin von fünfundneunzig Jahren, erstaunlich rüstig, aber klein und gekrümmt, weist sie jetzt auf ihr eigenes voraussichtliches Ende hin. Nach dem Tod ihres langjährigen Ehemannes spürte man ein Innehalten bei ihren Untertanen. Allen wurde deutlich, dass sie als Nächste an der Reihe sein wird. Ob kurz oder lang, ihr Leben und damit ihre Herrschaft würde in der Tat ein Ende nehmen.

Und selbst noch in diesem hohen Alter stellt sie den öffentlichen Leib vor den privaten. Eine Woche nach Philips Tod nahm sie ihre Pflichten in einem farbigen Kleid und lächelnd wieder auf.

So hat sie mich begleitet, mein ganzes Leben lang. Zuerst als Märchenprinzessin, an die ich glaubte, sozialisiert von Märchen und Disney-Filmen. Dann, kritischer geworden, als Frau mittleren Alters, deren Glamour in die Jahre gekommen war, aber immer noch eindrucksvoll, und jetzt als alte Frau, deren privater Leib unter den Augen einer gierigen Öffentlichkeit nicht mehr privat war.

Inzwischen nennt man sie »Queenie«, liebevoll, vertraulich, übergriffig. So wie man ihre Mutter »Queen Mum« genannt hatte, später mit dem Zusatz »*pickled in gin*«.

Aber bis zum Schluss werden wir sie als öffentliche Figur sehen, als Garant einer alten Ordnung, die zerfällt, sobald sie nicht mehr da sein wird, denn einem Charles III. werden nicht mehr alle Länder und Untertanen einfach so folgen können. Und sie wird bis zum Schluss lächeln und winken in ihren viel zu bunten Kleidern und ihre Rolle als Königin ausfüllen.

Sie wird es als ihre Pflicht gegenüber der Krone ansehen.

SIE SEHEN
DAS FEUERWERK

*Die Kutsche von Königin Elizabeth II. am Krönungstag,
dem 2. Juni 1953, aufgenommen am Admiralty Arch in London.*

Die Sendung war ein Hohn auf alle, die nach überholten Begriffen dabei sein wollten, sich am Dienstag vergangener Woche vor der Westminster-Abtei und in den Straßen von London drängten, knufften und stießen, um einen Schimmer vom Glanz der Krönung zu sehen. Während sich die übernächtigten Massen unter klatschenden Regenböen duckten, rekelten sich in bequemen Stühlen vor ihren Empfangsgeräten rund 20 Millionen Zuschauer in England, Holland, Belgien, Frankreich und Deutschland. Von 10.30 Uhr bis 17 Uhr flimmerten die Ereignisse der englischen Krönung milchig über die Bildschirme ihrer Heimempfänger.

Zum erstenmal in der Geschichte sahen Millionen Menschen in ihrer guten Stube den mittelalterlichen Pomp und Prunk einer Krönung. In Bonn saßen Bundeskanzler Adenauer und die Kabinettsmitglieder vor dem Fernsehgerät. Weitere hunderttausend Deutsche verfolgten den Ablauf der Zeremonie an Heimgeräten, an Projektionstruhen in Gaststätten, Radiogeschäften, Warenhäusern und im Düsseldorfer Apollo-Theater (Eintrittskarten von 3 bis 10 Mark). Was sie sahen, war abwechselnd so faszinierend und so ermüdend wie die Wirklichkeit selbst.

Unzweifelhaft war die Übertragung die größte Schau des jungen deutschen Fernsehens. Sie beendete eine zwei Monate lange, intensive Vorarbeit mit einem eindrucksvollen Erfolg. Das deutsche Fernsehpublikum, mit den technischen Schwierigkeiten einer solchen Langstrecken-Übertragung nicht vertraut, mäkelte zu Unrecht über das oft blasse Bild und über die Undeutlichkeit der Konturen.

Zwei schwere Handikaps hatten die Fernseh-Ingenieure bei der Übertragung ausgleichen müssen:

- die begrenzte, nur wenig über optische Sichtmöglichkeit hinausgehende Reichweite der beim Fernsehen verwendeten Ultrakurzwellen;
- die Verschiedenheit der englischen und deutschen Zeilensysteme bei der Bildzerlegung.*

Wegen der knappen Reichweite der Ultrakurzwellen waren im vergangenen Sommer auch keine Direktübertragungen von den Olympischen Spielen in Helsinki möglich gewesen; alle Fernseh-Sender der Welt schickten damals mit mehr oder weniger Verzögerung

Filme über den Bildschirm. Der gleiche Grund machte es den Amerikanern auch unmöglich, die Aufnahmen von der Krönung direkt zu übertragen, obwohl amerikanische Fernseh-Experten schon von einer atlantischen Fernsehbrücke mit Hilfe von kreisenden Flugzeugen geträumt hatten. Die amerikanischen und kanadischen Fernseh-Sender mußten sich diesmal noch Filme von den Krönungsfeierlichkeiten mit Düsenflugzeugen herüberbringen lassen.

Für die europäischen Fernseh-Techniker war die Errichtung einer provisorischen Fernsehbrücke über den Kanal eher möglich. Relais-Stationen in Dover (England), Cassel und Lille (Frankreich), Flobecq, Brüssel und Antwerpen (Belgien), Breda, Eindhoven und Helenaveen (Holland) und in

---

* Die Fernsehkamera zerlegt das Bild in Zeilen und Punkte, so wie eine Photographie für den Druck in Zeilen und Punkte zu einem Raster zerlegt wird. Der Sender verwandelt die einzelnen Lichtpunkte in Stromschwankungen, die am Empfangsort zurückverwandelt und Punkt für Punkt, Zeile für Zeile wieder zu einem Bild zusammengefügt werden. Das alles geschieht im Bruchteil einer Sekunde, so daß das menschliche Auge die Bildzerlegung nicht wahrnimmt.

Hinsbeck und Wuppertal fingen die Bilder auf, verstärkten sie und gaben sie an den nächsten Relais-Turm weiter. Das zweite Übertragungs-Handikap, das flimmernde Zeilenproblem, war zum erstenmal im vergangenen Sommer gelöst worden: Pariser Fernseh-Sendungen wurden mit 819 Zeilen aufgenommen und in London mit 405 Zeilen ausgestrahlt.

Das Krönungsfernsehen ging quer durch alle europäischen Fernseh-Systeme: England arbeitet mit 405 Zeilen, Frankreich mit 819 und Deutschland (und andere Länder Mitteleuropas) mit 625. Bis in die holländische Stadt Breda lief das aus England kommende Bild mit 405 Zeilen. Dort wurde es für Deutschland erneut von einer Bildfängerröhre abgetastet, die mit der europäischen Norm von 625 Zeilen arbeitete. Schärfeverluste waren zwar unvermeidlich, aber die Zeilentransformation klappte ohne Störung.

Neben der Bildleitung führten zwei Tonleitungen in das NWDR-Studio Köln; eine brachte die Originalgeräusche, die zweite den Begleittext, den die acht besten englischen Fernseh-Kommentatoren zu der englischen Fernseh-Sendung sprachen. Mit 21 Fernsehkameras waren sie an fünf strategischen Punkten in London postiert: am Victoria-Denkmal (Buckingham-Palast), am Themse-Ufer, vor der Westminster-Abtei, in der Westminster-Abtei und in der Nähe von Grosvenor Gate.

An diesen Kamera-Standpunkten auch noch deutsche (sowie französische und holländische) Fernseh-Kommentatoren unterzubringen, war schon aus Raumgründen unmöglich.

So kommentierte das deutsche Team Hermann Rockmann, Udo Langhoff und Werner Baecker vom Hochhaus am Kölner Hansaplatz, was sie auf dem Bildschirm sahen, oder wiederholten, was ihnen die englischen Kommentatoren vorsprachen.

Um sich ein Bild von der Zeremonie an Ort und Stelle zu machen, waren sie jedoch in der Woche vor der Krönung sechs Tage in London gewesen und hatten eine Probe des Krönungsaktes in der Westminster-Abtei beobachtet. Wochenschau- und NWDR-Reporter Hermann Rockmann, beim Fernsehen als Kommentator zu Gast, bewunderte dabei die minutiösen Vorbereitungen des englischen Fernsehens, die denn auch die Präzision der Kamera-Einstellungen und Bildschnitte erklärt. »Die BBC hatte ein genaues Stichwortprogramm aufgestellt, und es war vorher bekannt, welche Kamera welchen Bildschuß machen würde. Auch Star-Kommentator Richard Dimbleby, der in der Westminster-Abtei kommentierte, hatte seine Reportage bereits bei der Probe gemacht und wiederholte sie wörtlich bei der echten Sendung.«

Mit Kopfhörern verfolgten die deutschen Fernsehsprecher in Köln, was die Engländer sagten. Zugleich konnten sie abhören, wie die eigene deutsch kommentierte Sendung nun in den Äther ging. Die deutschen Kommentare, die dem des Englischen kundigen Zuschauer beinahe zu reichlich erschienen, ließen es zum Beispiel an Ausführlichkeit dort vermissen, wo Einzelheiten über die Persönlichkeiten des Krönungszuges am Platze gewesen wären. Die stolz zu Rosse trabenden Feldmarschälle Auchinleck und Ironside, die bekannten Politiker und Generäle wurden nicht angesagt oder nur kursorisch genannt.

Als Sprecher Udo Langhoff dann bei der Abendübertragung allein kommentieren mußte, geriet er ins Schwimmen. Außer krassen Übersetzungsfehlern – er ließ die Königin die »Beleuchtung«

Londons (statt die Festbeleuchtung bzw. Illumination) einschalten – und falschen Zeitangaben wirkte es erheiternd, als er in einer schon einige Minuten laufenden Übertragung des Feuerwerks erläuterte: »Was Sie jetzt sehen, ist das Feuerwerk …« Überhaupt beschrieb er vieles, was die Zuschauer sowieso auf dem Bildschirm deutlich sahen.

Zwar konnten die Londoner Fernsehleute keine Scheinwerfer für eine szenengerechte Ausleuchtung in der Westminster-Abtei aufstellen, aber ihre Image-Orthikon-Kameras (die jetzt auch der NWDR und der Bayerische Rundfunk verwenden) benötigen weniger Licht als der Schwarzweiß- und der Farbfilm. Auch das heikelste Problem, die Kamera-Aufstellung in der Abtei selbst, war geschickt gelöst worden.

Die vier diskret postierten Kameras standen so günstig, daß sie alle Einzelheiten des Rituals einfangen konnten.

Während früher nur 7000 auserlesene Repräsentanten die Krönung zu sehen bekamen, erlebten diesmal mehr als 20 Millionen Europäer die Zeremonie wie von einem Platz in der Proszeniumsloge. Noch bei der Krönung von George V. und der Königin Mary waren Filmaufnahmen verboten; erst 1937, bei der Krönung von George VI. und Königin Elizabeth, war die Technik zum erstenmal Zeuge: der Rundfunk durfte eine Übertragung senden.

Damals wurde auch zum erstenmal der schüchterne Versuch einer Fernseh-Übertragung gemacht. An einer Ecke des Hyde-Parks war ein Übertragungswagen aufgestellt worden, und seine drei schwachen, lichtbedürftigen Kameras versuchten einzufangen, was nur möglich war. Höhepunkt des Berichts, der nur eine knappe halbe Stunde dauerte, war eine kleine Verbeugung der Königin Elizabeth in Richtung auf die Fernsehkamera. In der Sendung am Dienstag vergangener Woche sah man die Königin stundenlang. Man sah sie von nah und fern, von allen Seiten, stehend, sitzend, kniend, betend und sich gelegentlich eine Träne abtupfend.

Ein Kritiker schwelgte vor dem Bildschirm in Hamburg: »Die Stimme der Königin kam klar und fest zu uns herüber, als sie ihren Eid sprach.

Und seltsam – manchmal vergaß man inmitten dieses immer noch faszinierenden Zeremoniells fast die Technik, die das alles vermittelte. Die brausenden Chöre, die schmetternden Fanfaren, die kostbaren Gewänder aus einer längst verblichenen Zeit … Man vergaß, daß für die Übermittlung Mikrophone nötig waren, lange Kabel, grelle Scheinwerfer und unzählige Techniker. Man vergaß dies alles beim Anblick der ›beef eater‹ mit ihren Hellebarden und den vielen anderen überkommenen Symbolen, die der Krönung das Gepränge gaben. Hier siegte eine tausend Jahre alte Tradition über die Technik.«

Und noch eins ermöglichte die Direktübertragung aus der Westminster-Abtei: eine schnellere Berichterstattung für Presse und Rundfunk. In der Zentrale der Deutschen Presse-Agentur in Hamburg verfolgten die Nachrichten-Redakteure vor dem Bildschirm jede Phase der stundenlangen Zeremonie. Sie konnten den pünktlichen Beginn und vorgeschriebenen Ablauf der Krönung schneller an die deutschen Rundfunkstationen und Zeitungsredaktionen melden als deren Londoner Korrespondenten, die weit hinten in der Westminster-Abtei saßen oder durchnäßt in den Zuschauermassen auf den Straßen eingekeilt waren.

Nina George

DIE LETZTE DEMOKRATIN

*Sean Connery und seine Ehefrau Diane Cilento
werden am 12. Juni 1967 von Queen Elizabeth II. anlässlich
der Premiere des James-Bond-Films »You Only Live Twice«
(»Man lebt nur zweimal«) im Odeon Kino, London, begrüßt.*

Es heißt, es gäbe eine geheime Bibliothek am Hofe der englischen Königin Elizabeth II., *Her Majesty the Queen,* kurz HMQ oder einfach nur HM genannt. Der sogenannte »Giftschrank«, in dem ausschließlich Romane, Kinofilme, Serien und Novellen und Kurzgeschichten aus der ganzen Welt aufbewahrt würden, in denen HM eine fiktionalisierte Rolle spielt. Die Videos und DVDs mit den Hauptrollen sind in Augenhöhe einsortiert, die mit den Nebenrollen ganz unten, ganz hinten. Eine Ausnahme ist der Kurzfilm zu der Eröffnung der Olympischen Spiele 2012, als HM von James-Bond-Darsteller Daniel Craig aus dem Buckingham Palace abgeholt wird, um per Fallschirmsprung aus einem Hubschrauber in die olympische Arena einzuschweben. HM hat sich eine Sprechrolle in den Kurzfilm schreiben lassen: »Guten Abend, Mr Bond«. Einmal Bond-Girl sein: einigermaßen zufrieden strich HM dieses Lebensziel von ihrer *bucket list,* die sie stets in der linken Schublade – herzseitig – in ihrem noblen Sekretär aufbewahrt, wie gewöhnlich gut unterrichtete und zudem bestechliche Kreise zu berichten wissen.

Regelmäßig zöge sich HM, wenn sie nicht gerade Schiffe tauft, Schulen eröffnet oder einen dieser nichtsnutzigen Premierminister und Premierministerinnen zur Audienz empfängt, in diese geheime Bibliothek zurück und ließe sich »ihren« Bond-Film und weitere ausgewählte Streifen wieder und wieder vorführen. Besonders *not amused* ist sie mit Profil-Einstellungen, die einen Ansatz zum Doppelkinn behaupten. Am häufigsten geschmunzelt habe sie, so ist aus gut informierten Quellen zu erfahren, bei die »Nackte Kanone«, in der ein US-Agent von verblüffender Trotteligkeit, der die Queen-Darstellerin pressewirksam auf einer Bühne flachlegt, ein Attentat auf sie verhindert. Aber ja: Sehr wohl kann die große Stoikerin HM amused sein, auch wenn diese Gemütsregung nie an die Öffentlichkeit getragen wird. Am besten gefiel sich HM von Helen Mirren, HM2, repräsentiert, die die original HM als kleines Dankeschön in den Edelstand einer Dame erhob. Oft treffen die beiden HMs sich zu einem gemütlichen Filmabend in der Giftschrank-Bibliothek und machen *Bingewatching* mit »The Crown«, essen Chocolate Biscuit Cake und Pringles.

Die Giftschrank-Bibliothek gibt es nicht. Und ob HM Pringles, Walkers oder Leys mag, ist nicht bekannt, und auch nicht, ob sie eine *bucket list* – die Liste jener Dinge, die man noch erleben will, bevor man in den englischen Rasen beißt – besitzt.

Dennoch wird der publizierende Verlag dieses Jubiläumsbüchleins von der englischen Königin weder getadelt oder gar verklagt werden. Und auch ich als Autorin dieses fiktionalen Szenarios werde weder Landesverbot erhalten noch öffentlich gerügt oder auf eine Blacklist britischer Verlage zwangsgesetzt werden, auf dass ich keinen einzigen verflixten Penny mehr mit meinen despektierlichen Elaborationen auf der brexitierten Insel verdiene. Ebenso hat HM weder den USA – immerhin ehemalige Kolonie! – den Krieg dafür erklärt, dass die Queen in der »Nackten Kanone« liquidiert werden soll, noch den Dramatiker Alan Bennett des Landes verwiesen, weil er in

»Die souveräne Leserin« HMs Rücktritt vom Amt sowie ihre literaturferne Bildung süffig und mit zutiefst britischem Schwarzhumor erzählte. Selbst Schriftstellerin Emma Tennant hat noch ihre Zunge, obgleich sie in einer fiktiven HM-Autobiografie die Königin von Balmoral ausbüxen und sich auf einer Karibikinsel relativ indezent danebenbenehmen lässt. Anderswo wäre Tennant dafür in einem Container in der Wüste geröstet, und nein, das ist kein Scherz, schauen Sie mal nach Eritrea.

Als Weltpolitikerin gehört es dazu, als literarischer und filmischer Charakter missbraucht zu werden. Ob für die Kunst oder, ebenso häufig, fürs Portemonnaie. Andererseits ist diese königinnenliche Toleranz – oder geübte Ignoranz, oder eben doch: HMs unterschätzte Lässigkeit? – überaus bemerkenswert.

Majestätsbeleidigung ist in mehreren europäischen Ländern noch in Gesetzen als Straftatbestand geführt, etwa Dänemark, den Niederlanden oder Spanien. In Thailand, Kenia, der Türkei oder Marokko kann man problemlos mehrere Jahre ins Gefängnis wandern, wenn man es nach hoheitlicher Auffassung zu wenig genau nimmt mit der Demut. In Deutschland wurde Paragraf 103 seit 1. 1. 2018 abgeschafft, der Beleidigungen ausländischer Staatsobersten unter Strafe stellen konnte.

HM hat 95 Jahre gelebt, davon 70 Jahre den Thron repräsentiert, und wurde Aberdutzende Male in Literatur, Fernsehen und TV umgedichtet, nachkonstruiert, als Figur gebeugt und durch merkwürdigste Szenerien gescheucht. Sie wurde bedroht, vermetzelt, veralbert, verehrt, verkannt, vereinfacht.

»Sackdoof, feige und verklemmt« hat Jan Böhmermann

sie genannt, und HM in einem Schmähreim Sodomie mit Haustieren angedichtet – gut, da hat er sich selbst plagiiert, dasselbe zog er bereits bei Türkei-Diktator Erdogan durch, der sich allerdings die Rückkehr der Todesstrafe dafür herbeisehnte.

Doch ganz gleich, ob die echte HM *amused* oder eher nicht so ist, wenn ihr Pöbelpoesie gewidmet ist oder filmisch ein Sowjetspion, getarnt als Kunstberater, in den Palast gemogelt (Alan Bennett, »Eine Frage der Zuschreibung«) – oder sie von linksradikalen Corgis unter Hausarrest gesetzt wird (Sue Townsend, »Die Queen und Ich«): Unabhängig, ob sie sich von einer künstlerischen Ausdrucksform beleidigt, gekränkt sieht oder nicht – HM bewahrt Haltung. Es gibt keinerlei Kritik von ihr. Kein Fallbeil »Majestätsbeleidigung«, das gleichsam auch das Fallbeil der Meinungsfreiheit und Demokratie wäre. Und damit ist Queen Elizabeth II. eine der letzten lebenden Demokratinnen; denn Kunst, oder gar: Kritik, das kann eben nicht mehr jeder und jede aushalten.

Ein Vergleich: Sony Pictures hat zum Beispiel, da Hosen voll, den Film »The Interview«, in dem es um eine Attentatsintrige gegen den nordkoreanischen Despoten Kim Jong-un geht, gar nicht erst veröffentlicht. Ja, es gab verdeckte Hinweise aus Nordkorea, dass das Land / das Studio / Beteiligte es bitter bereuen würden, und ja, das nennt sich Zensur, und ja, Sony hat das Wesen »Kunstfreiheit« und dass man dafür ein Rückgrat benötigt, nicht verstanden.

Kunstfreiheit ermöglicht, neben dem voyeuristischen Genuss eine öffentliche, aber privat eigentlich unbekannte Person in fiktionalen Umfeldern agieren, sprechen, handeln zu lassen, oder sich gar zu trauen, despektierlich, albern, spöttisch, kritisch mit ihr als knetbarem Fiktionscharakter umzugehen, auch etwas für die Weltgesellschaft Essenzielles:

dass man dafür auch nicht eingeknastet, hingerichtet oder verfolgt werden kann. Dies ist übrigens bei Weitem nicht mehr die verbreitetste *Usance;* genauso, wie in mehr Ländern der Welt Krieg statt Frieden herrscht, so hat auch das Staatsmodell »Demokratie« mit all seinen Risiken und Nebenwirkungen so langsam Seltenheitswert. Und wenn eine Staatslenkerin – und sei es eine symbolische wie die Königin von England samt Anrainer- und anderer Gebiete, das aushält und nicht mit vertikal-diktatorischen Restriktionen ahndet: Da ist HM mehr denn je Hoffnung und Vorbild.

Das Akzeptieren von demokratischen Grundwerten ist, zugegeben, kein Ponyhof. Meinungsfreiheit (möglichst erst, nachdem man sich eine gebildet hat aus Fakten und Daten, nicht nur aus einem »Gefühl«), Pressefreiheit, Kunstfreiheit – sie alle machen den Mächtigen zu schaffen, vor allem jenen mit fragilen Persönlichkeiten und miserabel geführten Staaten. Meinungsfreiheit wird gleichzeitig zum Kaugummibegriff: Es reicht, eine halbe Stunde auf Twitter zu verbringen, um sich zu fragen, wann Menschen begonnen haben, Verleumdungen und Pöbeleien als »Meinung« umzudeklarieren.

Aber, zurück zu HM: Solange sie nicht zuckt, hält sie eine noch gar nicht so alte Tradition aufrecht, die den Mächtigen abverlangt, die Freiheit und die eigenen Gedanken ihres Volkes zu ertragen.

Eine unerschrockene Kultur- und Medienlandschaft ist

entsprechend Seismograf dafür, ob eine Nation, eine Gesellschaft, noch Demokratie oder schon Autokratie ist. Gerade eine Gesellschaft, die sich – nicht nur, aber vor allem – während der Pandemie, dem Brexit, der Trump-Ära, den Auswirkungen globaler Informationsmonopole, den Entfremdungen nach 9/11– aufzuspalten droht, braucht Anlässe der Reflexion, der Gemeinsamkeit, der Vergewisserung: Gleichheit gilt auch für die »da oben«.

Und dafür gibt es diese Monarchin, die einerseits bleibt und sich andererseits immer weiter- und mitentwickelt hat. Bestand – und Wandel. HM bietet in gewohnter Gleichmütigkeit eine Projektionsfläche, auch für Kinder; so etwa verwandelte der englische Autor Roald Dahl HM 1984 in eine Waisenmädchenretterin. In »Sophiechen und der Riese« wird das plietsche und unerschrockene Waisenmädchen Sophiechen von einem netten Riesen ins Riesenland entführt, bevölkert mit neun nimmersatten Menschenfressern. Sophiechen wird, dank eines Zaubertraums, von der Queen gerettet, die die gigantischen Kannibalen in eine Grube sperrt und ihnen nur noch Kotzgurken serviert.

Das muss man sich mal kurz vorstellen: HM. In einem ihrer legendären HM-Outfits. Und Handtasche (links, wenn ihr einer auf den königlichen Keks geht, rechts, wenn sie *amused* ist. Vermutlich. Oder Fiktion?). Und Kotzgurken.

Deutlich weniger kreativ, aber deutlich übergriffiger ergeht es HM 2009 in Sue Townsends Monarchiekomödie »Queen Camilla«, in der Ihre Majestät in einem Ex-Königszoo zur Touristen- und Touristinnen-Attraktion degradiert wird.

Aber die sich, Furzelbaum hin, Kotzgurke her, im wahren Leben auch bei dieser pseudosozialkritischen Veralberung wie aus einer anderen Ära der Werteheimat und demokratischer Sozialregeln verhält: Sie droht nicht mit Gewalt gegen ein ganzes Land wie ein gewisser Tyrann aus Nordkorea, wenn ihr das Doppelkinn einer HM-Darstellerin nicht passt. Sie twittert nicht unter dem Einfluss schwerer Logorrhö wie einst der grenzdebile Narziss Donald Trump, wenn ihr die Biografie eines ihrer Anverwandten peinlich ist, oder setzt Heerscharen von überbezahlten Juristen in Bewegung, um Bücher zu schwärzen oder von Auslieferungs-Lkws zu zerren, wie so manche mittelmäßig begabten Politiker es auch bisweilen in Deutschland, Frankreich oder Italien zu tun pflegen. Von Lukaschenko wollen wir nicht erst anfangen – der illegitime Regent Belarus' lässt sogar lesende Rentner aus Vorortzügen zerren, wenn diese ihm nicht genehme Bücher lesen.

HM sucht keine beliebigen Anlässe, um sich beleidigt, zurückgesetzt, übersehen zu fühlen und mit der größtmöglichen Zensurkeule aufzutreten. Obgleich es bei der Umsetzung des 2012er Theaterstückes »The Audience« von Peter Morgan zur Netflix-Serie »The Crown« seit 2016 sicher unzählige Szenen gibt, wo HM sich windet, um nicht täglich in der *Sun*, Titelseite, eine Korrektur abdrucken zu lassen: SO war das nicht, SO habe ich das nicht gesagt, und überhaupt: SO halte ich meine Füße beim Sitzen schon mal gar nicht!

Natürlich, wer weiß, vielleicht erlaubt HM sich manchmal den Gedanken: »Was waren das noch Zeiten, als der Tower von London in Betrieb war …«

Aber gut. Immerhin wird ihre Frisur in »The Crown«
nicht hochspannungsgebraten, wie in »King Ralph« (1991),
als ein schadhaftes Stromkabel beim Fototermin die kom-
plette Royal Family grillt, oder mit einem Silbertablett
platt gedrückt wie in »Johnny English« (2013), aber von
Mr Bean höchstselbst.

Und war es nicht auch irgendwie niedlich, als HM in
ein Auto verwandelt wurde? Das war 2011 im Animations-
film »Cars 2«. HM rollte als Rolls-Royce mit kleiner Krone an.

Wie man aus gut unterrichteten Kreisen hört, ist das
eine Lieblingsszene von Prinz George.

Thomas Kielinger

KOMPLETT FÜHLT SICH DIE QUEEN NUR MIT DEM COMMONWEALTH

Königin Elizabeth II. spricht am 28. Januar 1961 auf dem Ramlila-Gelände, einem riesigen öffentlichen Versammlungsort außerhalb der Stadtmauern von Alt-Delhi, Indien, zu mehr als einer Viertelmillion Menschen. Dies war die bei Weitem größte Zuhörerschaft, die jemals von der Herrscherin direkt angesprochen wurde.

Bei drei bilateralen britisch-deutschen Staatsbesuchen habe ich der Queen die Hand gegeben, das letzte Mal 1992. Das ist nicht viel, der Händedruck spricht keine vertrauliche Sprache. Überhaupt, wer wollte sich brüsten, mit einer Frau Zwiesprache gehalten zu haben, die partout nichts preisgibt und deren Gespräche, angefangen mit ihren Premierministern, die sie einmal in der Woche zur Audienz empfängt, strenger Verschwiegenheit unterliegen?

Zählt man die Gespräche mit Staatsoberhäuptern und Politikern aus den Ländern dieser Erde hinzu – was könnte diese Monarchin, eine wandelnde Schatzkammer der Geschichte, alles erzählen! Aber so gut wie nichts daraus dringt je an die Öffentlichkeit – die Queen nimmt dieses immense Wissen mit sich ins Grab, eine Autobiografie, wie Politiker sie gerne nach ihren Dienstzeiten veröffentlichen, kommt für sie nicht infrage.

Man muss zurückgetreten sein wie Edward VIII., ihr Onkel, wenn man Memoiren schreiben will. Erst lange nach Elizabeths Tod wird die Wissenschaft überhaupt Zugang erhalten zu ihren Papieren, und erst dann wird man wissen, was in dem Tagebuch, das die Queen angeblich führt, steht und ob es mehr enthält als die wenig aufregenden Details, die zum Beispiel ihr Großvater, George V., der Welt mit seinen privaten Notaten hinterließ. Ihr Vater dagegen war gesprächig in seiner Korrespondenz und seinen Privatpapieren, die ein britischer Historiker vor wenigen Jahren, als er eine Churchill-Biografie erforschte, zum ersten Mal einsehen durfte.

Manches Vertrauliche freilich im Wirken der fünfundneunzigjährigen Queen ist doch durch die Ritzen des Protokolls gedrungen. Dann hat sich jemand verplappert, meist aus dem Kronrat, dem *Privy Council,* der sie berät.

So 1981, es war vor der Hochzeit von Prinz Charles mit Lady Di, der unvergessenen Diana Spencer. König Juan Carlos von Spanien hatte sich bei Elizabeth beschwert, dass Charles und Diana während ihrer Flitterwochen mit der königlichen Jacht *Britannia* auch in Gibraltar, dem zwischen Madrid und London umstrittenen Territorium am Südzipfel Spaniens, anzudocken planten.

Ein Mitglied des Kronrats machte später bekannt, was die Queen vor ihren versammelten Räten zum Besten gab: »Ich sagte dem König, es ist mein Sohn, es ist meine Jacht, und es ist mein Hafen.« Die auftrumpfende, imperiale Queen. Man hört förmlich heraus, wie die Zuhörer Beifall geklatscht haben müssen. Juan Carlos aber boykottierte die Hochzeit …

Wer die Queen hinter der Fassade ist, können am besten die beurteilen, die sie dort erleben. Nach einhelligem Urteil kann sie dann sehr indiskret sein und zum Beispiel bestimmte Persönlichkeiten, mit Vorliebe regierende Köpfe, die sie gerade als Besucher erlebt haben mag, gekonnt ironisieren, oft durch mimische Imitation. Manchmal erlaubt sie ihrem Humor sogar vor einem größeren Kreis ein wenig Auslauf.

So bei dem Empfang auf Schloss Windsor für Prinz Charles und Camilla Parker-Bowles nach deren Hochzeit am 9. April 2005. »Ich habe zwei wichtige Mitteilungen zu machen«, hob sie an, »die erste: Dass Hedgehunter das Grand National gewonnen hat.« Das berühmte Pferde-Hindernisrennen der Insel, mit seinen weltbekannten Hürden, war der Sprecherin nur der Anstoß für ihre eigentliche Pointe: »Mein Sohn ist im Ziel mit der Frau, die er liebt. Sie haben schwierige Sprünge hinter sich – *Becher's Brook* etwa oder *The Chair* – und jede andere Art schrecklicher Hürden. Aber jetzt sind sie im Absattelplatz des Gewinners.«

Manche Eingeweihte, zur Verschwiegenheit verpflichtet, begehen Indiskretionen aus Eitelkeit, wie Ex-Premier Tony Blair in seiner Autobiografie »Mein Weg« (2010). Das Wochenende in Balmoral, zu dem er im September 1997 nach der Beerdigung der Prinzessin von Wales angesagt war, beschreibt er als »eine Mischung aus Faszination, Surrealismus und des absolut Durchgeknallten«. *Utterly freaky* über eine Begegnung mit der Queen und ihrer Familie? Das hätte früher den Kopf gekostet. Aber es kommt noch gewagter. Über das Gespräch mit der Monarchin lesen wir: »Ich erwähnte, dass man jetzt aus dem Tod Dianas bestimmt Lehren ziehen müsste.« Der Politiker, der die Queen belehrt – ein starkes Stück. Selbstgefällig fährt Blair fort: »Es fiel mir nachher ein, dass dies vielleicht ein wenig vorlaut von mir war, und an bestimmten Stellen unseres Gespräches zeigte die Königin auch eine gewisse Von-oben-herab-Kühle. Aber schließlich konzedierte sie, dass man in der Tat bestimmte Lehren beherzigen müsse.«

Das Verhältnis Elizabeths zu Blair war nie das beste, freilich nicht so gespannt wie das zu Margaret Thatcher. Es half dem Premierminister auch nicht, dass Cherie, seine

Gattin, die für ihre anti-monarchische Haltung bekannt war, sich zum Beispiel strikt weigerte, bei Begegnungen mit der Queen einen Hofknicks anzubringen. Dafür rächte sich diese mit einem Bonmot, das sie gezielt zirkulieren ließ: »Jedes Mal, wenn ich einen Raum betrete, in dem auch Cherie Blair ist, spüre ich förmlich, wie sich ihre Knie versteifen.« Man sieht: Auch die Queen – oder der Hof – weiß, wie man Etikette bricht, in diesem Fall das Diktat der Diskretion, wenn es dem eigenen Interesse dient. Die Monarchin, die nie persönlich reagieren darf, findet allemal Wege, von sich hören zu lassen.

In einer Welt, in der Staatsoberhäupter kommen und gehen, gewählt, gestürzt oder vom Tode abberufen, leistet sich Großbritannien das ganz und gar altertümliche Prinzip, die Staatsführung einer aristokratischen Hierarchie zu überlassen, und das seit Hunderten von Jahren, an eine privilegierte Adelsfamilie. Diese ist immun gegen das Auf und Ab politischen Streits, der andernorts um die Bestellung eines Präsidenten wogt. Das allein bringt ein Element der Ruhe in das nationale Leben. *The same procedure as every year:* Aus dieser Verfasstheit schöpft die Insel einen großen Teil ihrer Zuversicht. Und mehr als nur die Insel: Auch die 15 Staaten, in denen die Queen außerhalb Großbritanniens auch noch Oberhaupt ist, sowie in den 54 Staaten des Commonwealth, denen die Queen als *Head,* als Kopf vorsteht, geht von der Kontinuität der Monarchie eine beruhigende Wirkung aus. Über 2,4 Milliarden Menschen im Gesamt des Commonwealth, die meisten in Republiken lebend, wie auch seit November 2021 die Karibik-Insel Barbados, wollen offenbar von dieser Nabelschnur der Zugehörigkeit nicht lassen.

Sollte man nicht annehmen, diese und solche Staaten, die den Kolonialismus erlebt hatten, würden nach ihrer Unabhängigkeit nichts Eiligeres zu tun haben, als dem »Mutterland der Unterdrückung« zu entfliehen und eine große Entfernung zwischen sich und die britische Insel zu legen? Das Gegenteil war und ist der Fall. Und damit hat neben der Attraktivität des Namens Großbritannien vor allem die Queen zu tun, diese geniale Brücke der Versöhnung zwischen so vielen unterschiedlichen Ländern und Systemen. Ich bin sicher, würde man unserem Land die Mitgliedschaft im Commonwealth anbieten, die Deutschen würden mit fliegenden Fahnen beitreten! Unvergessen, welchen Triumph die Queen einheimste auf ihrer elftägigen Rundreise durch Westdeutschland, anno 1965.

Die Königin auf Reisen, vor allem im Commonwealth, ist eine der wichtigsten Fundgruben, will man ihrer Persönlichkeit nahekommen. Da finden sich Vorfälle und Zitate in Fülle, die nicht dem heimischen Diktat der Diskretion unterliegen. Man wird ihrer Leistung über die Jahrzehnte hinweg in der Tat nicht gerecht, wenn man nicht mit einschließt, was sie mit ihrer Hingabe ans Commonwealth für die britischen weltweiten Interessen vollbracht hat. Das hat die Queen erschöpft und doch immer wieder von Neuem belebt. Sie fühlt sich nach dem Urteil aller, die mit ihr zu tun haben, »richtig komplett« erst als Haupt dieser ungewöhnlichen internationalen Organisation. Es ist der Schlüssel zu ihrem Rollenverständnis als Queen.

Allein die schiere physische Standfestigkeit, mit der die Queen ihre Auftritte absolviert, ist beeindruckend. Eine Welt-Königin als Perpetuum mobile: 27-mal in Kanada,

16-mal in Australien, in Neuseeland 11-mal, immerhin 10-mal in Jamaika und ungezählte Male in den übrigen Staaten des Commonwealth. Das addiert sich zu stupenden 187 Besuchen in siebzig Thronjahren, nicht gerechnet die Reisen in Nicht-Commonwealth-Länder.

Auf einem ihrer Staatsbesuche in den USA, 1976, verriet sie der Frau des sie begleitenden Außenministers Anthony Crosland einmal das Geheimnis ihres physischen Durchhaltens. »Sehen Sie, Susan«, so erklärte sie und hob dabei ihr Abendkleid leicht über die Knöchel, »man pflanzt seine Füße so auf, immer parallel. Sie müssen nur darauf achten, dass das Gewicht gleichmäßig verteilt ist.« Kinderspiel, natürlich. Inzwischen fünfundneunzig Jahre alt und seit siebzig Jahren pausenlos in der Pflicht, dabei das Gewicht auf den Füßen »gleichmäßig verteilt«. Ein Phänomen.

Prinzessin Alice, Lady Athlone, Königin Victorias letzte Enkelin, die 1981 im gesegneten Alter von 97 Jahren starb, beschrieb die Kunst – die Qual – solcher unentwegten Disziplin einmal so: »Nur wer von Jugend an für solche Tortur trainiert worden ist, bringt genügend Liebenswürdigkeit und Beherrschung mit für die Dauer der Strecke.« Dazu gab die Königin im Jahr ihres 40. Thronjubiläums, 1992, vor der BBC einen bemerkenswerten Kommentar ab: »Ich bin von Grund auf überzeugt, dass am Ende wahrscheinlich Training die Antwort auf viele Dinge ist. Man schafft viel, wenn man richtig trainiert worden ist, und ich hoffe, dass das bei mir der Fall war.« Der Historiker Ben Pimlott knüpft in seiner Biografie über die Queen an dieses Zitat eine sarkastische Bemerkung: »Die Queen spricht hier nicht so sehr als Inhaberin der Königlichen Ställe als vielmehr die Bewohnerin einer der Boxen darin.« Das beste Pferd im Stall – so sehen die Briten ihre Monarchin ohnehin seit Langem.

Staatsoberhaupt in fünfzehn Ländern außerhalb Großbritanniens. Das sagt sich so leicht. Ich versuche mir manchmal vorzustellen, wie es einem deutschen Bundespräsidenten erginge, wenn er als Präsident seine »Untertanen«, sagen wir, in Jamaika, besuchen käme und sich nach ihrem Wohlergehen erkundigen müsste … Undenkbar. Für die Queen oder ein Mitglied ihrer Familie, das sie von Fall zu Fall entsenden mag, dagegen nichts Ungewöhnliches. Der entscheidende Unterschied ist das paradoxe Prinzip in unserer meritokratischen Welt: die Monarchie. Dabei beruhen das Commonwealth und die oberhauptliche Anbindung einzelner Staaten ans Mutterland auf reiner Zwanglosigkeit, was Prinz Philip schon vor langen Jahren bei einem Besuch in Kanada herausgestrichen hatte: »Die Zukunft der Krone hängt von jeder einzelnen zu ihr gehörenden nationalen Familie ab. Wenn eine davon beschließt, das sei für sie nicht mehr akzeptabel, dann soll sie es ändern.« Was Australien ansteuerte, als man sich dort im Jahr 1999 qua Referendum von der Krone lösen wollte, hin zu einer Republik mit zivilem Staatsoberhaupt. Das Referendum fiel durch – keines der Alternativmodelle konnte überzeugen.

The same procedure as every year – das ist nicht nur das Motto von Miss Sophie in »Dinner for One«, die von ihrem Butler dasselbe Prozedere beim jährlichen Dinner zu Ehren ihrer längst verstorbenen Freunde verlangt, es ist auch das Leitprinzip von Elizabeth Alexandra Mary

Windsor, der allgegenwärtigen Queen. Dafür gibt es ein die Zeiten überragendes Dokument: die Radioansprache, die sie als Prinzessin an ihrem 21. Geburtstag, dem 21. April 1947, während der Weltreise mit ihren Eltern, im südafrikanischen Kapstadt aufzeichnete. Es war das Datum ihrer Volljährigkeit, die man damals mit Vollenden des 21. Lebensjahres erreichte. Sie stand am Anfang der über sie verhängten Lebensaufgabe, Königin zu werden, aber wie die junge Frau diese deutete, ließ ihre weltweiten Zuhörer aufhorchen. Der Text nimmt die siebzig Thronjahre der Queen leitmotivisch vorweg:

»*Es gibt da ein Motto, das viele meiner Vorfahren geführt haben, ein nobles Motto: ›Ich dien‹. Diese Worte waren eine Inspiration für viele frühere Thronerben, wenn sie bei Erreichen des Mannesalters sich zu ihrer ritterlichen Aufgabe verpflichteten. Ich kann es nicht so machen wie sie, aber dafür erlaubt mir die Erfindung der Technik etwas, was ihnen nicht möglich war: Ich kann meinen feierlichen Akt der Hingabe sprechen, während das ganze Empire zuhört. Diese Verpflichtung möchte ich jetzt abgeben. Es ist ganz einfach.*
Ich erkläre vor euch allen, dass mein ganzes Leben, ob es lang währt oder kurz, dem Dienst an euch und der großen Empire-Familie, der wir alle angehören, gewidmet sein soll. Aber ich werde nicht die Kraft haben, allein diesen Vorsatz auszuführen, wenn ihr nicht hinzutretet, wozu ich euch hiermit einlade. Ich weiß, dass eure Unterstützung mir unwandelbar gegeben wird. Möge Gott mir helfen, dieses mein Gelöbnis zu erfüllen, und möge Gott alle segnen, die gewillt sind, mir dabei zu helfen.«

Elizabeths Gelöbnis, zart, aber entschieden vorgetragen – man kann es noch heute im Internet abrufen –, hatte eine religiöse Färbung, es klang nach einer Mischung aus Ehe-Eid und feierlicher Profess einer Nonne nach Abschluss ihres Noviziats. »Mein ganzes Leben, ob es lang währt oder kurz ...«, ob 21 oder 95 Jahre, während sich das Empire zum Commonwealth entwickelte. »›Ich dien‹« – das strahlt in die Zeitgeschichte und beschämt alle Zyniker, die sich unter Monarchie nur ein Leben der Muße und des Privilegs vorzustellen vermögen. Im Alter von 21 Jahren legte die Prinzessin ein Versprechen ab, das sie in den 75 Jahren seither wie eine heilige Verpflichtung eingehalten hat.

Die Einzigartigkeit der britischen Monarchie ist evident, dank ihrer Reichweite darf man sie, anders als alle Königshäuser auf der Welt, als klassischen *global player* bezeichnen, schon das Theater, in dem Shakespeare im 16. Jahrhundert spielte, nannte sich »The Globe«. Wenn das Interesse der Welt wie magnetisch dem Auf und Ab der Windsors folgt, so ist das nicht nur unserem Voyeurismus zuzuschreiben, der sich lustvoll mit einer skandalgesättigten Familie beschäftigt – es ist auch Ausdruck der Tatsache, dass die Queen und ihr Stamm an vielen Orten des globalen Dorfes präsent sind, unübersehbar, eine Dauererscheinung in der »Family of Man«. Wie es der frühere amerikanische Botschafter in London, Matthew Barzun, einmal ausdrückte: »Die Queen ist eine Konstante nicht nur für Großbritannien, sie ist auch eine Konstante für uns alle.«

Das Commonwealth ist mit dieser Königin groß geworden, und sie mit ihm. 25 Jahre alt bei ihrem Kronantritt, erlebte Elizabeth alle umwälzenden Veränderungen in den früheren britischen Kolonien, in Afrika vor allem, und war zur Stelle, als die ersten Anführer des schwarzen Kontinents ihre Länder in Freiheit übernahmen. Das ist jetzt mehr als 60 Jahre her, und noch immer hält Elizabeth das Zepter in der Hand. Was dies für die britische Rolle in der Welt bedeutet, eine Staatsspitze zu haben, die länger Zeitgeschichte repräsentiert hat als ihre Premierminister, die Inhaber der politischen Macht, ist gar nicht zu ermessen. Kenneth Kaunda von Sambia, Jomo Kenyatta von Kenia, Kwame Nkrumah aus Ghana – sie kannte sie alle seit deren Anfängen, seit den frühen Jahren der Unabhängigkeit. Aber im Gegensatz zum konservativen Establishment Englands öffnete die Queen sich bereitwillig dem Zug der Zeit und wurde, die weiße Häuptlingsfrau unter den stolzen Repräsentanten farbiger Staaten, deren Anlaufpunkt und Gewährsfrau.

»In Rassenfragen ist sie absolut farbenblind«, hat der frühere Labour-Außenminister David (Lord) Owen korrekt befunden. Ein fundamentaler Satz – »in Rassenfragen farbenblind«. Diese Haltung der Queen wurde für die Multikulturalität Großbritanniens geradezu unverzichtbar, wurde zur vorbildlichen Schule gesellschaftlicher Toleranz.

Nichts hat die Königin daher mehr verletzt als die von Prinz Harry und seiner Frau Meghan Markle in dem Oprah-Winfrey-TV-Interview vom März 2021 geäußerte Anschuldigung, es grassiere Rassismus am britischen Hof. Der zeremonielle Vertreter der Queen in London, Sir Ken Olisa, selber über seinen Vater von nigerianischer Herkunft, gab im September 2021 in einem Interview zu

Protokoll, die Queen und ihre Familie seien Anhänger der Bewegung *Black Lives Matter* (BLM), ein nach dem Mord an dem farbigen Amerikaner George Floyd 2020 weltweit propagiertes Anliegen. Es ist dem Königshaus auch wichtig wegen der multikulturellen Natur der britischen Gesellschaft, wie Sir Ken in dem Interview eigens hervorhob. Die nicht-weißen Commonwealth-Länder wussten gerade von Elizabeths »Farbenblindheit« Legenden zu berichten …

Dazu ein Beispiel. Anfang November 1961 waren in Accra, der Hauptstadt Ghanas in Westafrika, Unruhen ausgebrochen, der Besuch der Queen, für den 9.–20. des Monats vorgesehen, war gefährdet – konnte man riskieren, das Staatsoberhaupt in ein Krisengebiet reisen zu lassen? Eine neue Variante des Ost-West-Konfliktes außerhalb Europas hatte sich aufgetan. Auch Ghana war Spielball geworden im Tauziehen um Einfluss, es ging unter anderem um die Finanzierung des Ober-Volta-Staudammes – ein Projekt, für das sich Moskau engagierte, während die Kennedy-Administration in den USA abwinkte, zur Bestürzung der Regierung Macmillan in London. Elizabeth aber zeigte sich entschlossen, trotz der Unruhen. Den Staatsbesuch in Ghana abblasen? Die Welt wäre geschockt, so argumentierte sie gegenüber den Bedenkenträgern, wenn ein Nikita Chruschtschow seine ebenfalls geplante Reise anträte, sie, der Kopf des Commonwealth, aber nicht ihre. Die Regierung sollte sich nicht die Blöße geben, in dieser Frage Mangel an Rückgrat zu demonstrieren.

»What a splendid girl!«, notierte sich Harold Macmillan im Tagebuch. Ihn beeindruckte die Entschiedenheit

seiner Königin, vor allem, weil es hier um eine Frage des Commonwealth ging, nicht um ein Problem im Mutterland, in England. Der Staatsbesuch ging in der Tat erfolgreich über die Bühne, bei ihrer Ankunft wurde Elizabeth in einer örtlichen Zeitung – ein köstliches Missverständnis – als »der größte sozialistische Monarch auf der Welt« begrüßt, während die britische Presse dem Mut der Königin rückhaltlos Beifall spendete. Gleich nach Ende des Besuches ließ Macmillan John F. Kennedy telefonisch wissen: »Ich habe meine Königin aufs Spiel gesetzt, jetzt sind Sie dran mit Ihrem Geld.« Was Kennedy prompt tat – der Staudamm wurde mit amerikanischem Geld finanziert und Ghana blieb im Commonwealth.

Prinz Philip hat die Queen einmal »die Psychotherapeutin des Commonwealth« genannt. Sie konnte keine Wunder bewirken, wenn politische Interessen aufeinanderprallten, zumal sie sich in den harten Fragen der Politik nie einschalten durfte, wollte sie zwischen den streitenden Parteien nicht ihre Neutralitätspflicht verletzen. Aber ihre Anwesenheit konnte helfen, Wogen zu glätten und die Augen für diplomatische Möglichkeiten zu öffnen.

Niemals wurde dies deutlicher als auf der berühmten Commonwealth-Konferenz in Sambias Hauptstadt Lusaka anno 1979. Es ging hoch her, weil ein weißer Siedler und Premierminister in Rhodesien, dem späteren Simbabwe, sein Land für unabhängig erklärt und der weißen Minderheit das Gros der Macht bei der Gestaltung der Zukunft zugesprochen hatte. Gegen den Wunsch von Margaret Thatcher, die vor ihrem Dienstantritt 1979 Afrika noch nie bereist hatte – ein Defizit an Erfahrung im

Vergleich zur Königin –, bestand die Queen darauf, bei dieser Gipfelkonferenz des Commonwealth dabei zu sein.

Sie hatte ihre Gründe – das heißt, sie hatte ihre Technik, wie sie bei solchen Zusammenkünften auftreten würde. In Lusaka bezog jeder Teilnehmer seine Hütte, die Queen die größte, einen Bungalow. Dort hielt sie Hof, alle bekamen sie ihre jeweils 20-Minuten-Audienz mit ihr. Aber anstatt über Rhodesien zu sprechen, was ihr nicht zustand als nicht-politischem Staatsoberhaupt, redete sie mit jedem Regierungs- oder Staatschef über die Nöte seines Landes, die sie entweder seit Langem kannte oder eigens für diese Konferenz studiert hatte. Nach der Konferenz berichteten die afrikanischen Spitzenpolitiker einhellig, wie beeindruckt sie von den Kenntnissen der Queen über ihre Länder waren. Es muss so etwas wie gleiche Wellenlänge mit ihr geherrscht haben, jedenfalls sagte man der Queen Empathie nach mit den Hoffnungen des Landes, dessen Anführer ihr jeweils gegenübersaß. Dabei blieb das Thema der Konferenz selber ausgespart.

Der Historiker William Shawcross berichtete einmal von einem Erlebnis des früheren Premierministers John Major, dem es einfach nicht gelingen wollte, einen Commonwealth-Lenker in einer bestimmten Frage zu überzeugen. Die Queen gab ihrem Regierungschef einen Tipp: »Der Mann ist ein begeisterter Angler. Versuchen Sie es doch über diesen Weg.«

Es ist eine Technik, die in Deutschland Helmut Kohl bis zur Perfektion beherrschte – Personengedächtnis als Trumpfkarte im politisch-psychologischen Spiel. Die Fähigkeit, auch persönliche Details aus dem Leben derer, mit denen man spricht, aufrufen zu können. Das Wort »Herrschaftswissen« wertet diese Kunst zu sehr ab, es handelt sich vielmehr um ein wichtiges Instrument zur Vertrauensbildung, jeder fühlt sich als Freund angesprochen.

Von der Außenlinie aus den Spielern auf dem Feld ein gutes Gefühl vermitteln – auch so lässt sich die Technik der Queen bei Commonwealth-Treffen erklären. Diplomatisch und doch kein Diplomat, Beichtmutter oder Psychotherapeutin oder vielleicht einfach Nanny – Lusaka wurde jedenfalls nicht zum befürchteten Menetekel, sondern endete mit der Einigung, im Herbst in London zur Lancaster-Konferenz über Rhodesien zusammenzukommen, in deren Folge eine Verfassung für den neuen Staat Simbabwe ausgearbeitet wurde. Kenneth Kaunda von Sambia spendete Elizabeth ein großes Kompliment: »Die Queen ist einfach ein menschliches Wesen, das zuallererst. Sie geht das Leben pragmatisch an, auf sehr natürliche Weise. Genau damit hat sie die Liebe und den Respekt von uns schwarzen Nationalisten gewonnen.« Selbst Margaret Thatcher konzedierte in ihren Memoiren, dass das Commonwealth »ohne die Queen seine Einheit nicht behalten hätte«. Ihre Rolle sei *»greater in performance than in theory«*, wichtiger dadurch, wie sie auftritt, als in dem, was sie theoretisch darf, und das »wegen der wunderbaren Person, die sie ist. Sie weiß die Dinge zu glätten.« Was man von Margaret Thatcher nie sagen konnte.

Zum 90. Geburtstag der Queen 2016 weilte Amerikas Präsident Barack Obama auf Staatsbesuch in London und wurde unter anderem mit einem Bankett auf Schloss Windsor beehrt. Die Gastgeberin hatte er zuvor in einer

Fernsehsendung als »eine Quelle der Stärke und der Inspiration nicht nur für ihr Land, sondern für Millionen Menschen auf der ganzen Welt« bezeichnet. Darunter die 2,4 Milliarden des Commonwealth, deren Mehrzahl unter 30 Jahre alt ist. Die Jugend und das Alter – wie sich die Lebenslinien treffen. Eine glückhafte Zukunftsperspektive, der ganze Stolz der Queen.

DIE ELIZABETHANER

*Elizabeth, die als Prinzessin mit dem Herzog von Edinburgh aufbrach,
um Länder des Commonwealth zu besuchen, kehrte am 7. Februar
1952 als Königin Elizabeth II. nach London zurück.
Das Paar hatte die Reise wegen des Todes von Elizabeths Vater,
des Königs George VI., abgebrochen und wurde von Ministern der
Regierung und der Opposition am Flughafen offiziell begrüßt.*

Froh verbrachten Prinzessin Elizabeth von England und ihr Mann Philip, Herzog von Edinburgh, Anfang der letzten Woche abenteuerliche Tage und Nächte mitten in der afrikanischen Wildnis im königlichen Sommerhaus bei Nyeri in den Bergen von Kenya (Britisch-Ostafrika). In einer Nacht drang eine Meute Affen ins Wohnzimmer ein, tobte respektlos herum, zerlegte das Mobiliar und warf es zum Fenster hinaus.

Während Elizabeth und Philip am nächsten Tag in einem Chevrolet-Stationswagen einen kleinen Trip durch die Savannen unternahmen, um Löwen zu beobachten und zu fotografieren (Elizabeth machte einige sehr gute Löwen-Großaufnahmen), ging König George VI. zu Hause in England auf die Jagd. Er schoß sieben Hasen und eine Taube, die 80 Meter hoch flog. Mit Genugtuung verabschiedete er sich von seinen Jagdfreunden: »Well, it was a wonderful sporting day, gentlemen. Thank you.«

Am sonnigen Afrika-Morgen des nächsten Tages standen Elizabeth und Philip am Fenster ihres Bungalows und beobachteten lachend eine Herde Gnus.

Der Privatsekretär Elizabeths, Oberstleutnant Martin Charteris, trat ein. »Das müssen Sie sehen, Charteris«, sagte Philip im Herumdrehen. Er sprach nicht weiter, als er Charteris' Gesicht sah.

Charteris beugte sich zu Philip und flüsterte ihm etwas zu. Elizabeth erblaßte. Philip ergriff ihre Hand, wandte sich dann zu ihr und sagte mit leiser, zärtlicher Stimme: »Der König ist in der vergangenen Nacht friedlich entschlafen.«

Die Prinzessin stand eine Sekunde starr, drehte sich dann zur Wand und begann zu weinen. Philip streichelte sanft ihren Oberarm.

Elizabeth II., »von Gottes Gnaden Königin des Vereinigten Königreiches und ihrer anderen Reiche und Länder, Haupt des Commonwealth und Verteidigerin des Glaubens«, flog nach London, um den Königseid zu schwören. Noch in tiefer Trauer, sagten die Engländer schon Ende letzter Woche mit neuem Mut: »Wir sind jetzt alle Elizabethaner.« Das Wort erinnert an »Merry Old England«, an des Reiches beste Zeit unter der ersten Elizabeth (1558 bis 1603), an eine robuste, glückliche Aera, an Shakespeare, an den großen Minister Cecil (sein direkter Nachkomme, Lord Salisbury, gehört der Regierung Churchill als Staatsminister für Auswärtiges an), an Sir Francis Drake, der die spanischen Silber-Galeonen plünderte und als Seeheld verehrt wurde.

Das einzige, was sich seitdem nicht geändert hat, ist das Wunder der Anhänglichkeit der britischen Untertanen in aller Welt an ihren Monarchen. Mit ritterlicher Begeisterung über die junge (25), vernünftige, anmutige Herrscherin brachten sie Elizabeth ihre höchsten Ehren dar. Auch der Häuptling der Zulus tat sein Bestes. Er verlieh ihr den höchsten Ehrentitel, den die Zulus für eine Frau zu vergeben haben: »N'Dlowokasi« (»Elefantenkuh«).

Gloria Fürstin von Thurn und Taxis

NOBODY DOES IT BETTER!

Königin Elizabeth II. ist der Gold-Standard für Staatsoberhäupter

Königin Elizabeth II. im Jahr 1952.

Die Queen ist die Queen. Eine Frau, die nicht nur in staunenswerter Kontinuität ihr Land repräsentiert – das ja eigentlich aus mehreren Ländern besteht, die sich auf sie als gemeinsames Staatsoberhaupt einigen können –, sondern die zur Marke geworden ist. Wenn ich das sage, meine ich das rundherum positiv. Elizabeth II. steht einzig da; der andere Souverän, der für sich in Anspruch nehmen könnte, Überzeitlichkeit und verlässliche Werte zu repräsentieren, der Papst als Oberhaupt der weltweiten katholischen Kirche, hat es sich anders überlegt.

Ich gehöre zu denen, die mit Königin Elizabeth gleichsam aufgewachsen sind. Wir kennen sie von Bildern als entzückendes junges Mädchen, sichtlich verliebt in ihren zukünftigen Ehemann Prinz Philip, als Frau in mittleren Jahren und *working Lady* und jetzt als ältere Dame, die einfach weitermacht, komme, was da wolle. Selbst für Nicht-Monarchisten – ich verstehe nicht, wie man nicht für die Monarchie sein kann, aber ich will tolerant sein – wird man zugeben müssen, dass sie ein eisernes Pflichtbewusstsein hat, dass sie jeden noch so kleinen Auftritt ernst nimmt.

Sie trägt nur der Tatsache Rechnung, dass ein monarchisches Staatsoberhaupt eine im Einzelnen schwer zu definierende Mischung aus Zugewandtheit und Distanz zeigen muss, die so von einem gewählten Präsidenten, der nach Ende seiner Amtszeit ausscheidet, nicht erwartet wird. Es gilt, empathisch auf Menschen zuzugehen, sie überhaupt erst einmal wahrzunehmen – das unablässige

Winken nach links und rechts aus Kutsche und Wagen demonstriert das. Dabei aber niemals aufzugehen in der Menge, wie Politiker das manchmal anstreben. Sondern eine gewisse Reserviertheit zu bewahren, die zum Nimbus der Monarchie gehört. Es muss ein letztes Geheimnis bleiben um die Trägerin oder den Träger der Krone, denn sonst würde der Mythos verschwinden, die Strahlkraft wäre weg.

Würde einem ernsthaft ein anderer Name als Elizabeth II. von Großbritannien und Nordirland einfallen, wenn man in einer Umfrage nach dem idealen Staatsoberhaupt suchen würde? Sie ist zum Maßstab, zum Gold-Standard für Monarchentum geworden, wegen der mustergültig austarierten öffentlichen Auftritte und auch wegen der umfassend und eisern durchgehaltenen Diskretion, die ein weiteres Markenzeichen Elizabeths geworden ist.

Wir wissen in Wahrheit nicht, was die Queen denkt. Und das ist auch gut so. Sie leistet sich den Luxus, nicht Stellung zu nehmen. Sie darf es nicht, weil es im Widerspruch zu ihrer Rolle als über den Parteien stehende Repräsentationsfigur steht. Aber ich denke, sie will es auch nicht. Es ist klar, dass Menschen verschieden über alles Mögliche denken, dass schon die Wahl des Hundefutters Anlass für ernste Auseinandersetzungen geben kann. Es ist besser, in diesen Streitigkeiten nicht Partei zu sein, und das gilt dreimal mehr, wenn es um die großen Fragen geht.

Man kann vermuten – und es wird vermutet –, dass ihr die Konservative Partei im Ganzen nähersteht als die Labour Party, aber stimmt denn das? Weiß man es sicher?

Die Queen hat sich dazu nicht geäußert, niemand kann sich in tagesaktuellen Fragen auf ihre Meinung dazu oder auch nur eine Tendenz berufen. Dass sie vor ein paar Jahren bei einer Parlamentseröffnung in Westminster einen blauen Hut mit verschiedenen, goldfarbenen Applikationen trug, wurde als heimliche Stellungnahme zugunsten der britischen Mitgliedschaft in der Europäischen Union gedeutet, deren Emblem ein goldener Sternenkranz auf blauem Grund ist: reine Spekulation, zu der sich Buckingham Palace auch im Nachhinein nicht geäußert hat. Die Queen weiß genau, dass auch nur eine einzige, unzweideutige Äußerung von ihr zugunsten oder zuungunsten eines aktuellen politischen Vorhabens ihre Unparteilichkeit beschädigt und damit ihre Einflussmöglichkeiten beschneidet.

Über politischen Einfluss verfügt sie durchaus. Zwar ist es eine Floskel, wenn sie bei der Eröffnung des parlamentarischen Jahres jedes Mal von »My government« spricht, wenn Gesetze in ihrem Namen erlassen und Urteile in ihrem Namen gefällt werden. Großbritannien ist im Laufe von vier Jahrhunderten, in denen die Monarchen jede operative Einmischung in Regierungsbelange nach und nach einstellen mussten, zum Musterbeispiel einer parlamentarisch verfassten, konstitutionellen Monarchie geworden. Aber es gibt noch das wichtige und nicht zu unterschätzende Feld des informellen Austausches und diskreten Rates. Die nun im siebzigsten Jahr ihrer Herrschaft stehende Königin ist erfahren darin wie keine Zweite. Noch jeder Premierminister Großbritanniens – 14 waren es an der Zahl seit Elizabeths Thronbesteigung – hat die wöchentliche Audienz beim Staatsoberhaupt zu schätzen gewusst. Offiziell muss der Regierungschef die Königin über aktuelle Vorhaben und Problemstellungen informieren, tatsächlich hat er oder sie sich oft genug Rat geholt bei der Person, die alle nur denkbaren politischen Krisen erlebt hat und Auskunft darüber geben kann, wie die Vorgänger es in ähnlichen Situationen gehalten haben. Auch hier ist äußerste Diskretion auf beiden Seiten angesagt, und sie wird eingehalten. Immerhin haben mehrere Premiers beider großer Parteien öffentlich ihre Dankbarkeit für die wertvollen Lektionen bekundet, die sie im vertrauten Austausch mit dem Souverän erhalten haben.

Die Monarchin wiederum hat ein Mittel, ihre Wertschätzung für die Amtsführung eines bestimmten Premierministers zum Ausdruck zu bringen: Das Vereinigte Königreich verfügt über ein reich gegliedertes System von Orden, zu dem noch die Möglichkeit tritt, Personen in den Adelsstand zu erheben. Auf die beiden großen Landesteile bezogen, sind der Hosenband-Orden für England und der Distel-Orden für Schottland die höchsten, bei der Mitgliederzahl eng limitierten, tragbaren Auszeichnungen. Anders als die meisten anderen Orden und Ehrenzeichen, die nur auf Vorschlag der Regierung vergeben werden können, werden diese beiden Orden (und auch noch zwei weitere) allein nach Gutdünken des Monarchen verliehen. So wurde der Konservative John Major Ritter des Hosenband-Ordens wie auch der eher biedere Harold Wilson von der Labour Party, der zweimal Premierminister war. Beiden gelang es offenbar, ein freundschaftliches Verhältnis zur Königin aufzubauen, während Tony Blair, Gordon Brown und David Cameron bis jetzt jedenfalls leer ausgegangen sind. So kann die Königin auch in ihrem Nicht-Handeln subtile Botschaften aussenden.

Bis auf zwei Tage im Jahr, Weihnachten und Ostern, bekommt die Königin täglich »Red Boxes«, mit rotem Leder bezogene Aktenkoffer, die Regierungsdokumente aller Art enthalten. Es sind Vorlagen ebenso wie Berichte des Außenministeriums, die sie in ihrer Rolle als Staatsoberhaupt und Oberhaupt des Commonwealth bekommt, die sie allesamt lesen und in vielen Fällen auch mit einer Reaktion beantworten muss. Ihr Fleiß auf diesem Gebiet ist legendär, die Kinder haben berichtet, dass sie sich selbst bei Familienfesten ohne Weiteres mit einem Stapel Akten zurückzieht und jedes Dokument gewissenhaft bearbeitet. Davon und von den zahlreichen Audienzen für ausländische Potentaten – Bundeskanzlerin Angela Merkel war zuletzt im Juli 2021 bei ihr – dringt wenig an die Öffentlichkeit. Es ist wahrscheinlich diese Kombination aus akribischem Aktenstudium und vertraulichen Gesprächen mit führenden Repräsentanten der ganzen Welt, die die Queen zu einer besonders gut informierten Persönlichkeit machen.

Sichtbar sind die öffentlichen Auftritte, die Königin Elizabeth mit Rücksicht auf ihr Alter zwar heruntergefahren und vermehrt an andere Mitglieder ihrer Familie abgegeben, aber mitnichten eingestellt hat. Von den üblicherweise mehr als 2000 öffentlichen Auftritten der königlichen Familie im Jahr werden immer noch viele von ihr wahrgenommen – bei manchen Anlässen wie Staatsbesuchen oder Parlaments-Eröffnungen ist ihre Mitwirkung unerlässlich. Mehr als 70 000 Menschen werden jedes Jahr zu irgendeiner Form von Gastlichkeit in einem der Schlösser empfangen, mehr als 100 000 Briefe entgegengenommen und beantwortet. Das Arbeitsprogramm, aber auch die öffentliche Wirkung der meisten republikanischen Staatsoberhäupter mutet dagegen bescheiden an.

Wenn man nun die naheliegende Frage stellt, was die Königin im Innersten antreibt – *what keeps her going* –, wird man, so meine ich, um zwei Antworten nicht herumkommen: ihr deutsches Pflichtbewusstsein und ihr christlicher Glaube.

Es mag nicht jeder Brite gern hören, aber es ist eine Tatsache, dass Elizabeth viel deutsches Blut in sich hat. (Natürlich hat sie auch Vorfahren aus anderen Ländern). Von George I. an, aus dem Haus Hannover und König ab 1714, bis Victoria haben alle britischen Monarchen deutsch geheiratet.

Im Juli 1917 – als das Kriegsglück sich allmählich der alliierten Seite zuneigte, aber auch noch ein deutscher Sieg möglich schien – entschied George V., wohl auch auf politischen Rat hin, den Dynastie-Namen von Sachsen-Coburg-Gotha auf Windsor zu ändern. Letzterer ein künstlicher, aber immerhin eindeutig englischer Name, der einfach Bezug auf die burgartige Residenz außerhalb Londons nahm. Man hatte auch mit anderen Namen gespielt, um nur ja die Erinnerung an Albert von Sachsen-Coburg-Gotha, Königin Victorias geliebten Ehemann, zurückzudrängen, fand aber die Bezugnahme auf den Residenzort am unverdächtigsten. Doch bleibt es dabei, dass in Elizabeths II. Blutbahnen trotz ihrer schottischen Mutter reichlich deutsches Blut fließt.

Ohne meinen vielen britischen Freunden nahetreten zu wollen, erlaube ich mir die Anmerkung, dass das Pflichtbewusste, das Arbeits- und Strebsame dieser bemerkenswerten Frau Teil ihres deutschen Erbes ist. Wem das nicht gefällt, der möge bedenken, dass eine alte Bezeichnung für die Bewohner der Britischen Inseln Angelsachsen lautet. Das nimmt Bezug auf jene germanischen Völkerschaften, die seit dem fünften Jahrhundert allmählich das heutige Großbritannien in Besitz zu nehmen begannen und sich dabei mit der ortsansässigen Bevölkerung mischten. Es gibt also auch auf das ganze Land bezogen einen unbestreitbar germanisch-deutschen Einfluss, was auch erklären mag, dass die heutigen Briten und Deutschen, wenn man sie nur in Ruhe lässt, durchaus gut miteinander auskommen und mentalitätsmäßig zueinander passen.

Deutsche gelten als Menschen, die sich ein Programm vornehmen und es dann abarbeiten, auch gegen Widerstände und äußere Hindernisse. Elizabeth II. war in ihrem ganzen Leben niemals faul, sie versteht ihr Leben als Dienst am Vereinigten Königreich und am Commonwealth, das ihr sehr am Herzen liegt. Von den 54 Mitgliedsstaaten dieses Staatenbundes erkennen außerhalb Großbritanniens 15 die Königin weiterhin als Staatsoberhaupt an.

Sie wird wahrscheinlich auch am letzten Tag ihrer irdischen Existenz bemüht sein, ihre Pflicht zu tun. Das nenne ich, und ich sage es durchaus mit einem gewissen Stolz, deutsch. Den Mitgliedern des nunmehrigen Hauses Windsor ist ihr deutsches Erbe im Übrigen gut bekannt, auch wenn sie darüber nicht allzu viel reden. Prinz Philip sprach ein akzentfreies Deutsch, Prinz Charles steht ihm nicht nach und kann sich fehlerfrei auf Deutsch ausdrücken.

Eine weitere Säule der Kraft und Regeneration für Königin Elizabeth II. scheint mir der christliche Glaube zu sein. Er ist ihr zunächst in besonderer Weise vorgegeben, nicht nur, weil sie Nachfahrin christlicher Königinnen und Könige ist. Seit Heinrich VIII. ist es einem britischen Monarchen nicht mehr freigestellt, wie sie oder er es mit dem Christentum halten will. Als Königin ist sie automatisch *Supreme Governor of the Church of England* geworden. Im Gefolge seiner Scheidung von Katharina von Aragon hatte sich Elizabeths Vorfahr Heinrich VIII. aus dem Hause Tudor 1536 von der katholischen Kirche losgesagt und, was im Zeitalter der Reformation einfach war, eine ihm unterstehende englische Landeskirche gegründet. Die grundsätzlich staatsfreundliche oder jedenfalls staats-unkritische lutherische Theologie hatte es ihm leicht gemacht, für sich selbst das Amt des Oberhauptes zu beanspruchen. Und das alles nur wegen einer Scheidung, die ihm die katholische Kirche, die sich keinen weltlichen Herrschern und ihren Ansprüchen, sondern allein Gott beugt, nicht gewähren wollte. Es ist nicht anzunehmen, dass Elizabeth II., die über ihre Schwester und drei ihrer Kinder leidvolle Erfahrung mit dem Scheidungs-Thema sammeln konnte, die im anglikanischen und protestantischen Christentum mögliche Scheidung der Ehepartner als besonders verheißungsvolle Möglichkeit ansieht.

Das muss sie als Ehrenoberhaupt der *Church of England* auch nicht, sie wäre ohnehin zu diskret, darüber zu reden. Auch weiß man nicht, wie sie über die ordinierten Pfarrerinnen und Bischöfinnen der anglikanischen Gemeinschaft denkt. Von Rechts wegen ist Elizabeth verpflichtet, Mitglied dieser *Church of England* zu sein, sich in ihr konfirmieren zu lassen, deren Bischöfe auf Anraten des Premierministers zu ernennen und neue Kirchengesetze, sogenannte *Canons,* wenn der Innenminister sie gutheißt, zu promulgieren und damit in Kraft zu setzen. Jeder Bischof, aber auch jeder Pfarrer der *Church of England* muss bei Übernahme seines Amtes den Treueeid auf die Königin schwören. Für jemanden, der glaubt, muss es umgekehrt eine Befriedigung sein, dass in jedem anglikanischen Gottesdienst für das Staatsoberhaupt gebetet wird. Übrigens tun das auch die Katholiken auf der Insel, wenngleich sie nicht dazu verpflichtet sind.

Nun hat aber Königin Elizabeth sich immer wieder öffentlich, nicht in marktschreierischer, aber doch in eindeutiger Form zum Christentum als einem Leitmotiv ihres Lebens bekannt. Wenn es im Zuge der schrecklichen politischen Korrektheit nicht mehr möglich sein soll, sich zu Weihnachten »Frohe Weihnachten« zu wünschen, man im Englischen vage von der *Season* spricht oder gar von *X-mas,* bleibt die Queen klar und beendet keine ihrer traditionellen Weihnachtsansprachen, ohne das Geschehen von Bethlehem zu erwähnen. Natürlich sagt sie zum Abschluss »*Merry Christmas*« und nichts anderes. Der sonntägliche Kirchgang ist, auch in der Ferienzeit oder im Ausland, eine Selbstverständlichkeit.

So wie zu den Premierministern hatte und hat die Queen auch zu einigen der in ihrer Regierungszeit amtierenden Erzbischöfe von Canterbury wie auch zu einigen ihrer Kapläne ein besonders vertrauensvolles Verhältnis. Darin einbezogen war im Übrigen auch ein früherer römisch-katholischer Erzbischof von Westminster, George Basil Kardinal Hume. Als die Königin ihn 1995 in seiner Kathedrale nahe der Victoria Station aufsuchte, war dies der erste Besuch eines britischen Monarchen in einer katholischen Kirche in Großbritannien seit 400 Jahren. Nach seinem Tod enthüllte Queen Elizabeth ein Denkmal für den von ihr sehr geschätzten Kardinal in dessen nordenglischer Geburtsstadt Newcastle upon Tyne.

Wie sehr ein selbstverständlich gelebtes Christentum die Monarchin prägt, konnte man bei den Beisetzungsfeierlichkeiten für ihren Ehemann, den Herzog von Edinburgh, im April 2021 sehen. Wenn der Partner im 75. Jahr der Ehe stirbt, ist das für den, der überlebt, eine kaum zu tragende Bürde. Mit großer Würde hat Elizabeth II. die Trauerfeier für ihren Mann, dem starke Sympathien für die orthodoxe Kirche seiner Herkunftsfamilie nachgesagt wurden, durchgestanden und so ein echtes Vorbild gesetzt. Dass sie danach nach relativ kurzer Zeit wieder öffentlich auftrat und ihren Pflichten nachkam, dass sie auch nach diesem Schicksalsschlag Menschen wieder ihr Lächeln schenken konnte, ist nach meiner Meinung nicht nur der Routine oder bloßem Pflichtbewusstsein zu verdanken. Ich meine, dass Elizabeth sich darin als Christin zeigte, dass sie Zeugnis für das Beste im Christentum ablegte, den Glauben an die Auferstehung. Sie konnte ihren Mann gehen lassen, weil sie weiß, dass es nicht für immer ist.

Das Christentum hat für alle dieselbe Botschaft: Du bist ein geliebtes Kind Gottes! Tu Deine Arbeit an dem

Platz, an den Du gestellt bist! Vertrau darauf, dass sich am Ende die Wahrheit und die Liebe durchsetzen werden! Überlass Gott Dein Leben! Und nimm Dich nicht so wichtig!

Ein letztes Merkmal von Königin Elizabeth II. sei hervorgehoben: ihre Liebe zum Landleben und, besonders, zu den Pferden. Es irrt, wer meint, das sei nun besonders aristokratisch. Pferderennen, die auf mehr als sechzig Strecken in Großbritannien ausgetragen werden, sind der zweitgrößte Zuschauersport im Lande, überhaupt nicht elitär. Indem die Königin sich dafür interessiert und gerne mit Gummistiefeln auf feuchten Wiesen unterwegs ist, steht sie im Einklang mit den Wünschen und Hoffnungen der Mehrheit der Bevölkerung.

Bei uns gehen die Leute, wenn sie sich Geld und einen Namen gemacht haben, von der Provinz in die Stadt und bauen sich ein großes Haus. In Großbritannien war und ist es umgekehrt: Das Geld macht man in London, aber dann zieht man schleunigst aufs Land, in die *countryside*. Besser, als sich dort ein Haus zu kaufen, ist es, einen alten Landsitz, der vielleicht etwas heruntergekommen ist, zu finden und wieder herzurichten. Davon träumt halb Großbritannien. Und die andere Hälfte wettet bei Pferderennen. Wenn Queen Elizabeth sich am Wochenende nach Windsor oder nach Sandringham zurückzieht oder einen rituellen sommerlichen Aufenthalt in Balmoral im schottischen Aberdeenshire absolviert, ist das alles andere als abgehoben.

Auf den Rückhalt der Bevölkerung zu verzichten, kann sich auf Dauer kein Monarch leisten. Elizabeth II. von Großbritannien und Nordirland, seit 1952 auf dem Thron, hat sich diesen Rückhalt wahrhaft erarbeitet. Sie ist ein nicht zu übertreffendes Beispiel dafür, wie nüchterne Pflichterfüllung plus warmherziges Lächeln für jedermann, vereint mit Respekt vor den Traditionen und mit gelebter Religion, auch heute eine konstitutionelle Monarchie zu einer Vorzeige-Staatsform machen, auf die die eigenen Bürger stolz sind. Das gilt zweimal, wenn man sich vor Augen hält, dass die heutigen Bewohner Großbritanniens aus aller Herren Länder kommen und in der Monarchin ihren vielleicht einzigen Bezugspunkt haben, in dem sie sich alle wiederfinden können und der sie alle repräsentiert.

Danken wir der Queen für das Beispiel würdigen Dienstes, das sie der ganzen Welt gibt, wünschen wir ihr ein denkwürdiges siebzigjähriges Thronjubiläum und erheben wir unser Glas Gin (ein Drittel) und Dubonnet (zwei Drittel, mit etwas Zitrone und Eis) auf Ihre Majestät, die Königin!

Sali Hughes

DIE FARBEN DER QUEEN

Ein Krönungsporträt von Elizabeth II. –
die Krönung zur Königin fand am 2. Juni 1953
in der Westminster Abbey in London statt.

In meiner frühesten Erinnerung sitze ich in einem Kinderhochstuhl auf der Straße. Das Gummihöschen, das ich über meiner Frotteewindel trage, klebt halb an der Linoleumsitzfläche fest; ich bin von Erwachsenen und Kindern umringt, die Pappkronen tragen, und werde mit nicht identifizierbarem klebrigem Zeug auf einem Plastiklöffel gefüttert. Erst später wurde mir klar, dass ich, zusammen mit dem Rest unserer South-Wales-Valley-Gemeinde, zusammen mit ganz Großbritannien, das silberne Thronjubiläum von Königin Elizabeth II. gefeiert hatte.

Als ich die Queen das nächste Mal sah, war ich mir dessen absolut bewusst. Ich war sechs Jahre alt und bei einem anderen Straßenfest zu Ehren der Royals, diesmal in Yorkshire. Während ich die Hochzeit von Prinz Charles und Lady Diana Spencer auf einem Fernseher verfolgte, der von Verwandten mit einem Verlängerungskabel in den Garten hinter dem Haus befördert worden war, trug ich eine selbst gebastelte Haube, die aus einem Pappteller und rotem, weißem und blauem Krepppapier bestand. Als die Kutschen einfuhren und die Kommentatoren voller Ungeduld über das Brautkleid (gigantisch, verknittert, märchenhaft und doch wirklich auf brillante Weise zeitgemäß) spekulierten, konnte ich meinen Blick nicht von der Monarchin abwenden, damals Mitte fünfzig, trug sie ein azurblaues Plisseekleid und einen Hut mit Blumenbouquet, den wohl selbst meine Oma »ein bisschen altbacken« gefunden hätte. Als sie die Menge durchquerte und sie eine Geste andeutete, die ich nicht wirklich als Winken erkennen konnte, fand ich sie fabelhaft, faszinierend und bezaubernd. Und so – für die Tochter bekennender Republikaner, die offen zugeben, solche Straßenfeste nur wegen des Alkohols zu besuchen, eher ungewöhnlich – begann meine bis heute andauernde Leidenschaft für die Queen. Diese beiden lebhaften Erinnerungen kommen mir immer seltsam vor, weil ich wie meine Eltern weder Royalistin bin noch sonderlich patriotisch.

Es ist das eine, jedes Wochenende bei der Großmutter zu verbringen, Ladybird-Bücher über die Königsfamilie zu lesen, einen Diabetrachter ans Fenster zu halten und sich durch verkratzte Reisefotos der Queen zu klicken, um Lieblingsbilder – je nach Kleid und Hut – festzulegen; aber es ist etwas völlig anderes, eine Erwachsene zu sein, die sich selbst politisch links verortet und absolut kein zwingendes Argument für das Bestehen der Monarchie finden kann, das notwendig für die Existenz einer Monarchie spricht (auch wenn sie der Republikanismus an sich völlig kaltlässt und sie sich in so etwas wie einem andauernden Wutzustand gegenüber den gewählten Volksvertretern befindet), und die die nicht gewählte Landesmutter dennoch uneingeschränkt und unumwunden liebt.

Vielleicht ist es aber noch verblüffender, dass jemand wie ich, deren Karriere auf ihrer Leidenschaft für Mode, Schönheit und Stil basiert, nicht etwa Prinzessin Margaret oder Diana, Herzogin Catherine oder Meghan als ihr Vorbild wählt, sondern das Mitglied der Royals, das am allerwenigsten für sein Stilbewusstsein gefeiert wird: das Familienoberhaupt.

Biedere Twinsets und matronenhafte Schottenröcke, altmodische Staubmäntel, praktische Gummistiefel mit Wachsjacke und Kopftuch, tadellose Militäruniformen, zweckmäßige Blockabsätze und die immer gleiche schwarze Handtasche zu einfach allem – Haute Couture ist das nicht gerade.

Im Gegensatz dazu war die bereits verstorbene Prinzessin Margaret zwar ein Royal ohne wirkliches Amt, dafür war sie aber häufig glänzender Mittelpunkt und erfreute sich an Haute Couture und extravaganter Kleidung auf eine Weise, wie ihre Schwester das, selbst wenn sie gewollt hätte, niemals hätte tun können.

Elizabeths Leben änderte sich von Grund auf, als ihr Onkel von seinem Anspruch auf den Thron zurücktrat. Ihr junges Leben war dadurch ernster, fokussierter, pflichtbewusster und zweifellos weniger vergnüglich geworden, sie konnte es sich nicht erlauben, wie ihre Schwester nach Paris zu fliegen, nur um Christian Diors »New Look« anzuprobieren. Sie durfte keine Röcke tragen, die oberhalb des Knies enden, keine tiefen Ausschnitte, sie konnte für die neuste Mode keine auffällig großen Summen vom Geld der Steuerzahler ausgeben. Und obwohl die Queen sicherlich eine höchst luxuriöse und edle Garderobe besitzt, musste sie stets den Eindruck erwecken, beherrscht zu sein, voller Mitgefühl für ihre Untergebenen, bescheiden und vernünftig – Prinzipien, denen sie ihr ganzes Leben lang treu geblieben ist.

Ihre Outfits – an denen Tabellen angebracht sind, auf denen notiert ist, wann die Kleider getragen wurden, um sicherzustellen, dass sie in regelmäßigen Abständen ausgeführt werden – zieht sie mehrfach an. Hüte werden mindestens zehnmal in der Öffentlichkeit getragen, bevor sie ausrangiert werden. Schuhe werden so lange benutzt, bis sie nicht mehr taugen. Ihre Lieblingsteile für das Leben auf ihren Landsitzen und ihre Reitkleidung werden jahrzehntelang angezogen, kostenfreier Ersatz wird abgelehnt. Sogar das Hochzeitskleid der Queen wurde mit Bezugsscheinen bezahlt, und als der Stoff für das Modell ihre Ration überstieg, schickten ihr junge Frauen aus dem ganzen Land ihre übrigen Bezugsscheine (sie schickte sie ihnen alle wieder zurück, da es ausdrücklich verboten war, Bezugsscheine an andere weiterzugeben).

Die Queen wird von ihrem Pflichtbewusstsein angetrieben, das sowohl ihre Kleiderwahl als auch alle anderen Entscheidungen bestimmt. Sie trägt leuchtende Farben, weil sie der Überzeugung ist, es sei ihre Pflicht, sichtbar zu sein, für Menschen, die Stunden in Regen und Kälte hinter Absperrgittern gewartet haben. Sie gibt Dreiviertelärmeln den Vorzug, weil sie der Überzeugung ist, es sei ihre Pflicht, ihren Gratulanten stundenlang ungehindert zuwinken zu können. Bei internationalen Ereignissen wählt sie Farben, die keine Verbundenheit zu einer bestimmten Nationalflagge nahelegen, da sie der Überzeugung ist, es sei ihre Pflicht, gegenüber allen Nationen neutral und respektvoll aufzutreten. Sie trägt ein orthopädisches Schulterpolster, weil sie der Meinung ist, eine Monarchin müsse aufrecht vor ihren Untertanen stehen. Alles muss mit Bleigewichten beschwert werden, um etwas so Anstößiges und Beschämendes wie einen hochfliegenden Rock zu verhindern.

Elizabeth II. wählt ihre Kleidung nicht einfach für sich aus, sondern gemäß ihrer Rolle als Monarchin, und somit muss diese den höchsten Maßstäben gerecht werden. Die Aufgabe der Queen ist es, nahbarer zu sein, als ihr hohes Amt dies suggeriert, etwas, das sie perfekt beherrscht.

Die treuesten Lieferanten der Queen werden belohnt. Zu den königlichen Hoflieferanten zu gehören, ist für Designer, Händler und Mode- oder Kosmetikhäuser der Schlüssel zum Erfolg; erst wenn sie dem königlichen Haushalt mindestens fünf Jahre lang innerhalb der letzten sieben Jahre einschließlich der letzten zwölf Monate mit Waren und Dienstleistungen zur Verfügung standen (insbesondere der Queen, dem Herzog von Edinburgh oder dem Prinzen von Wales), können sie sich für die Berechtigung bewerben, das königliche Wappen auf ihren Schaufenstern, Websites und auf Werbematerial abzubilden.

Diese Berechtigung, sie wird alle fünf Jahre entweder verlängert oder läuft aus, haben derzeit etwa 800 in Handel und Industrie tätige Unternehmen inne, viele davon aus der Modebranche; von Cornelia James, die die weißen Baumwollhandschuhe für den Tag und die aus Nylon für den Abend anbietet, die die Queen im Dienst täglich mehrmals wechselt, bis zu den brillant benannten Corgi Socks, die, ach, wer hätte es vermutet, keine Strumpfwaren für Vulcan und Candy liefern, die beiden verbliebenen Hunde Ihrer Majestät. Was Schönheitsprodukte angeht, erhalten Yardley, Floris, Clarins, Elizabeth Arden und Molton Brown das königliche Gütesiegel für ihre Parfums, Hautpflege, Kosmetik und Hygieneartikel, derweil trägt Launer (der Hersteller von etwa 200 der Handtaschen der Queen) sein Siegel bereits seit über fünf Jahrzehnten voller Stolz.

Unabhängig davon, wie lange sie der Queen bereits zu Diensten stehen, sind die Träger des königlichen Siegels als Gegenleistung für die prestigeträchtige Verbindung an einen Verhaltenskodex gebunden, Nichtbeachtung auf eigene Gefahr. Sie dürfen niemals eine Exklusivitätsvereinbarung fordern oder andeuten, und auch wenn ihre Verbindung zum Palast offensichtlich ist, sollten Details über ihr Arbeitsverhältnis mit angemessener Diskretion behandelt werden. 2018 schrieb June Kenton, die Direktorin von Rigby & Peller, dem Langzeitlieferanten von Miederwaren und Dessous für die Queen, Queen Mum und Prinzessin Margaret und seit 1960 Träger des königlichen Siegels, ein Buch mit dem Titel »Storm in a D-Cup«, in dem die Autorin ganz unbestreitbar Details ihrer vertraulichen Arbeit für den Palast enthüllte. Dem Unternehmen – wohl unvermeidbar, doch ohne ausdrückliche Erklärung – wurde das Gütesiegel bald darauf entzogen. Man kommt nicht umhin, sich zu fragen, was sie um alles in der Welt erwartet haben.

Was man nicht unbedingt vermutet, doch was Träger des Gütesiegels wissen, ist, dass der Stil der Queen von einem kulturellen Standpunkt her gesehen Relevanz und folglich immer noch großen Einfluss auf den Handel hat. Im Jahr 2016 führte das neongrüne Kostüm, das die Queen während der Feierlichkeiten zu ihrem 90. Geburtstag trug, dazu, dass der Hashtag #NeonAT90 auf Twitter trendete, und es wird außerdem behauptet, am nächsten Tag seien die Verkäufe neonfarbener Kleidung und Accessoires um ganze 137 Prozent gestiegen. Fünf Jahre zuvor trug Ihre Majestät zur Hochzeit von Prinz William und Catherine Middleton eine beige Launer-Handtasche in die Abtei von Westminster, und beinahe schlagartig waren alle Handtaschen von Launer bei Selfridges ausverkauft. In Großbritannien, aber vor allem im Ausland, werden die von der Queen bevorzugten Modelabels mit Qualität, Langlebigkeit und dezentem Luxus assoziiert. Genau genommen wirkt sich ihr Desinteresse an Mode um der Mode willen also zu ihren Gunsten aus.

Und doch weiß die Queen ganz genau, was ihr steht. Ihre Liebe für *Colour-Blocking* – ein gesamtes Outfit in nur einer Farbe – ist sozusagen aus der Not geboren. Sie betrachtet es als ihre Aufgabe, gut sichtbar zu sein, und bei einer Größe von knapp über 1,60 Metern (ich kenne das Gefühl nur zu gut) braucht sie alle Unterstützung, die sie bekommen kann. Der Versuch einer Ankleiderin, ihre Garderobe für ihre Reise durch Kanada im Jahr 1970 zu modernisieren, damals trug sie dann Hosen, blieb erfolglos. Hosen bekam man seitdem bei keinem einzigen öffentlichen Auftritt mehr zu Gesicht (auch das kann ich verstehen). Sie zieht Kleider Röcken vor, weil sie bequemer sind, außerdem hat sie keine Zeit, jedes Mal, wenn sie aus dem Auto steigt, die Bluse reinzustecken und glatt zu ziehen; an begrünten Veranstaltungsorten trägt sie kein Grün und keine dunklen Farben vor dunklen Polstermöbeln; Absätze, die höher als 5,7 Zentimeter sind, kommen nicht infrage (okay, hier gehen wir getrennte Wege).

Hinter jeder berühmten Modeikone steht unweigerlich eine Stilberaterin oder Stylistin. Die Queen ist da keine Ausnahme, auch wenn ihre offizielle Ankleiderin, Angela

Kelly, ihre Rolle gerne herunterspielt. Ihr Lebenslauf ragt nicht heraus, ihr Einfluss und ihre Expertise aber sind enorm. Die Queen entdeckte die aus Liverpool stammende Kelly – mehr als vierzig Jahre jünger als sie selbst –, als diese als Haushälterin für den britischen Botschafter in Deutschland arbeitete, und bot ihr kurzerhand eine Stelle an. Kelly stieg recht schnell auf und wurde zur persönlichen Ankleiderin der Queen; heute wählt sie gemeinsam mit ihrem Team deren Kleidung, Schuhe und Accessoires aus – und nicht nur das: Sie hält diese auch in Schuss, archiviert sie, designt und stellt sogar vieles selbst her (die Modistin Rachel Trevor-Morgan und der Modedesigner Stewart Parvin gehören zu den Favoriten der Queen außerhalb des Hofes).

2018 war es Kellys Vorschlag, ihr Arbeitgeber möge sich mit dem British Fashion Council zusammenschließen, um den *Queen Elizabeth II Award for British Design* ins Leben zu rufen; dies führte zum ersten Auftritt der Queen bei der London Fashion Week und dem schon heute kultigen Foto, auf dem Elizabeth II. bei Richard Quinns Modenschau zusammen mit der Chefredakteurin der *US-Vogue*, Anna Wintour, in der ersten Reihe sitzt; so fabelhaft Anna Wintour auch sein mag, bei ihrer Unterhaltung mit der Queen nahm sie ihre Sonnenbrille nicht ab. Nennen Sie mich altmodisch, aber wer, bitte schön, behält bei einem Gespräch mit einer neunzigjährigen Dame seine Sonnenbrille auf, unabhängig davon, ob diese zur Königsfamilie gehört oder nicht?

Bezeichnenderweise wurde der Award gegründet, um »aufstrebende britische Modetalente zu würdigen und um die Modeindustrie zu fördern, in Anerkennung der

Rolle, die Mode während der Regentschaft der Queen gespielt hat und die sie in der Welt der Diplomatie, der Kultur und der Kommunikation weiterhin spielen wird«; ich denke, das zeigt gut, warum der Stil der Queen auf mich so großen Eindruck gemacht hat. Was sie nicht offen vermittels Sprache sagen kann, drückt sie im Stillen durch ihre Kleidung aus. Wie Elizabeth II. unauffällig und vernichtend durch ihre Kleiderwahl kommuniziert, könnte in der Tat einen Meuchelmörder inspirieren. Die Position ihrer Handtasche, mit der sie ihren Angestellten signalisiert, wenn ein Würdenträger nicht aufhört zu plappern. Das Blau-Gelb der EU-Flagge, das sie unmittelbar nach dem Brexit-Referendum trug. Der höflich mit Seidenstoff bedeckte Kopf, als sie mit einem Land Rover durch die Gegend bretterte – und einem entsetzten Prinz Abdullah von Saudi-Arabien an ihrer Seite, der zum ersten Mal in seinem Leben neben einer Fahrerin sitzen musste. Die ihr von Barack und Michelle Obama geschenkte Brosche, die sie zu einem Treffen mit Donald Trump trug, zu dem der 45. Präsident der Vereinigten Staaten mit einer schwindelerregenden Verspätung von zwölf Minuten eintraf und seiner 92-jährigen Gastgeberin dann auch noch im Weg stand.

Natürlich werden wir niemals wissen, was geplant war und was köstlichem Zufall geschuldet ist. Denn wie die andere Modeikone des Landes – Kate Moss – hält es auch unsere unergründliche Queen: niemals etwas erklären, sich niemals beschweren. Und genau darin besteht für mich ihre große Anziehungskraft. In einer Zeit, in der viel zu viel (mit)geteilt wird, in der Vlogger sich in YouTube-Clips gegenseitig Hochzeitsanträge machen und ehemalige C-Promis ihr Frühstück, Mittag- und Abendessen mit Millionen teilen, trösten mich ihre unerschütterliche Würde und der geheimnisvolle Nimbus, der sie umgibt. Ich finde es großartig, dass wir nur darüber spekulieren können, was sich wohl in ihrer Handtasche befindet; dass wir weder wissen, was sie zum Schlafen trägt, noch, was auf der Innenseite ihres Eherings eingraviert steht, und wir eigentlich keine Ahnung haben, was sie über das allermeiste überhaupt denkt. Ich bewundere den Gleichmut, das Feingefühl, die Selbstkontrolle und die aufrechte Haltung. Und wenn doch mal ein privates Detail nach außen dringt (wie, als sie einer früheren First Lady gegenüber darauf beharrte, dass Lippenstift öffentlich beim Lunch aufgetragen werden kann – Volltreffer!), freut mich das immer noch genauso diebisch wie damals in meiner Kindheit.

Ich fürchte mich vor dem Tag, an dem wir die Queen verlieren, denn für mich steht sie für einen handfesten, pflichtbewussten, selbstlosen Typ Frau, der aus der britischen Kultur verschwindet. Die Frauen, die so aussehen, als könnten sie ein loderndes Feuer entfachen, ein Moorhuhn rupfen und ein Lämmchen zur Welt bringen, ohne dabei in ihrer Barbour-Jacke in Schweiß auszubrechen. Sie ist die einzige Person des öffentlichen Lebens, die schon immer da war. Sie war immer präsent – solide, verlässlich, angemessen. Da ist es nur richtig, dass sie heute die offiziell am längsten regierende Herrscherin Großbritanniens ist. Und es ist absolut fabelhaft, dass sie all das in Leoparden-, Blumen- und Tartanmustern und in Neonfarben durchgezogen hat.

Franziska Augstein

IM BETT MIT ELIZABETH

Die Queen recht privat in ihrem Arbeitszimmer auf Schloss Balmoral,
dem traditionellen Sommersitz der Königsfamilie in Schottland.
Zu ihren Füßen zwei ihrer Hunde. (Undatierte Aufnahme)

Um die Jahrtausendwende erschien eine Umfrage. Deren wenig überraschendes Ergebnis: Jeder zweite Bürger des Vereinigten Königreichs hatte schon einmal von der Queen geträumt. Unter welchen Umständen sie Elizabeth getroffen hatten, mussten die damals Angesprochenen dezenterweise nicht bis ins Letzte beantworten. Bei einer neuerlichen Umfrage im Jahr 2015 war es bloß noch ein Drittel der Bürger, denen die Queen in der Nacht erschienen war. Aber bei dieser Gelegenheit wurde näher nachgefragt, welche Rolle die Königin und ihre nächsten Verwandten in den Träumen ihrer Untertanen einnahmen. In aller Regel wurde der Königin eine Tasse Tee serviert.

Ebenso wie Gespräche über das Wetter ist das Teetrinken eine besondere britische Tradition, die auch heute noch aus dem urwüchsigen Bedürfnis nach Harmonie von vielen so natürlich praktiziert wird, wie man einen Fuß vor den anderen setzt. Während das Wetter als Unterhaltungsstoff a priori die Vermeidung jeglicher Peinlichkeit garantiert, nimmt das Angebot einer Tasse Tee unmittelbar Einfluss auf die innere Verfasstheit: Kein Unglück kann einem Menschen plötzlich zustoßen, das nicht mit einer Tasse Tee im Zaum gehalten werden könnte. Eine Tasse Tee ist die Erste Hilfe für alle, die im Kummer zu ertrinken drohen. Eine Tasse Tee ist die subtilste Form von Trost und Ermahnung. Sie erinnert die Traurigen, vom Schicksal Geschlagenen daran, dass schließlich eine jede und ein jeder andere auch schon Leid erlebt hat.

Außerdem ist Teetrinken so harmlos wie eine Unterhaltung über das Wetter. Britische Träume spielen sich oftmals folgendermaßen ab: Die Queen ist zu Haus zum Tee eingeladen, alles ist adrett und proper vorbereitet für High Tea, also mit Scones und gebutterten Toaststückchen samt Gurkenscheibchen. Und dann sprach Elizabeth II. in einigen Träumen zu den Gastgebern. Sie hätten keine Ahnung, sagte sie, wie nett es sei, mit normalen Menschen zu reden.[*]

1993 spielte die Band Pet Shop Boys einen Song ein: »Dreaming of the Queen«. Das war inspiriert von einem Buch des Titels »Träumen von der Königin und anderen Angehörigen der königlichen Familie«.[**] In dem Lied der Pet Shop Boys geht es um Träume ohne Gurken-Dekorum: Der Queen begegnen, wo man doch gerade in der Unterwäsche unterwegs ist – das war 1993 eine peinliche Vorstellung für die allermeisten Briten.[***]

Der Queen bin ich selbst im Traum noch nie begegnet, wohl aber vor Jahren ihrem Sohn, Prinz Charles. Das war ein interessantes Nachterlebnis. Dies bloß deshalb, weil ich mich nach dem Erwachen noch an meinen Traum erinnerte. Charles und ich:

Wir lagen zusammen im Bett. Das Zimmer war klein, kaum mehr als zwölf Quadratmeter groß. Vom Bett aus gesehen linkerseits befand sich ein französisches, also bis

---

[*]   Neal Ascherson: »Tea with the Queen? In Their Dreams«. New York Times, 29. 8. 2015.

[**] Brian Masters: »Dreams About HM the Queen and Other Members of the Royal Family«, Blond & Briggs, London 1972.

[***] www.geowayne.com/newDesign/very/dreaming.htm. (Zuletzt abgerufen am 22. Juli 2021.)

zum Boden reichendes Fenster. Ich lag – von der Bett-Perspektive aus betrachtet – rechts, er lungerte links auf der Matratze. An allen Wänden hingen Bilder, sie waren eher impressionistischer Art. Am Fußende des Bettes stand eine Staffelei mit aufgestelltem Bild: Prinz Charles war in meinem Traum offenbar ein Kunstliebhaber, wenn nicht gar selbst ein Maler. Möglicherweise hatte mein Traumdenken ihn mit Winston Churchill verwechselt, der in der Wirklichkeit gemalt hat, und das recht gut. Wie dem auch sei: Zwischen mir und Prinz Charles kam es zu nichts; und etwas zu sagen hatte Charles auch nicht. Ebenso wohl hätte ich ihm im Traum schweigend eine Tasse Tee servieren können.

Mit Elizabeth in der Wirklichkeit und sensuell im Bett war möglicherweise wahrhaftig und einzig ihr 2021 verstorbener Mann Philip. Der wurde – auch das ist eine Bettgeschichte – als Baby in eine Kiste gelegt, in der eigentlich Apfelsinen Unterkunft fanden. Sein Vater war ein Bruder von König Konstantin I. von Griechenland. Als 1922 das griechische Militär putschte, musste die gesamte Familie eilig per Schiff das Weite suchen. So landete der damals achtzehn Monate alte Philip von Schleswig-Holstein-Sonderburg-Glücksburg in besagter Obstkiste. Die Fahrt ging nach England. Dort wartete Verwandtschaft: das britische Königshaus.

Elizabeth lernte ihren künftigen Mann kennen, als sie dreizehn Lenze zählte, im Jahr 1939. Philip war damals achtzehn Jahre alt. Der exzellente Biograf der Queen, Ben Pimlott, hat geschrieben: Unwahrscheinlich sei es, dass ein ausgesprochen gut aussehender junger Mann ein schüchternes Mädchen, das noch weiße Söckchen trug, hätte attraktiv finden können.* Der Weg ins Bett führte damals dezidierter als heutzutage auch über die Kleidung: Jungs mussten zu jeder Jahreszeit kurze Hosen tragen. Erst wer lange Hosen anziehen durfte, konnte als ein Mann durchgehen. Die Mädchen trugen Socken. Erst wenn sie Nylon-Strümpfe anziehen durften, waren sie fraulich. Das galt für die besseren Kreise. Noch in den 1990er-Jahren waren viele englische Frauen aus armen Verhältnissen es gewohnt, auch im Winter barfuß in ihre Schuhe oder Sandalen oder Schlappen zu schlüpfen.**

Aber ich greife vor. Zunächst muss Elizabeth in dieser Erzählung ja erst einmal zur Welt kommen. Wir begegnen Elizabeth im Bett also zuerst anlässlich ihrer Geburt am 21. April 1926. Die Gewerkschaften rüsteten zum Generalstreik. Just an einem Tag, genauer: in einer Nacht, da in Downing Street ein wichtiges Treffen anberaumt war, um diesen Streik zu vermeiden, wurde der Innenminister abberufen: Er musste seiner Pflicht obliegen und der Geburt beiwohnen.

Dem Baby war 1926 nicht vorbestimmt, Königin zu werden. Vor diesem Kind standen in der Thronfolge zunächst der Onkel und der Vater. Der Onkel, Edward VIII.,

---

* Ben Pimlott: »The Queen. A Biography of Elizabeth II« (Harper Collins, London, 1997; das ist die von Pimlott korrigierte Taschenbuchausgabe). Ben Pimlott war nicht bloß ein sehr guter Historiker, er war ein netter Mann; er starb vor seiner Zeit. Viele Details in diesem Aufsatz sind seiner Biografie der Queen entnommen.

** In den 1990er-Jahren lebte ich in London in Notting Hill. Das war, bevor 1998 der gleichnamige Film mit Julia Roberts und Hugh Grant erschien und das Viertel vollends hip machte. Damals gab es noch kein Internet, und das Mail-Wesen war erst im Entstehen, weshalb ich regelmäßig in der nahe gelegenen (!) Filiale der Royal Mail Schlange stand und viel Zeit hatte, die Füße der Leute vor und hinter mir anzuschauen.

dankte dann 1936 ab, wenige Monate nachdem er gekrönt worden war. Dass es so kommen würde, konnte zehn Jahre vorher natürlich niemand wissen. Trotzdem musste 1926 der Innenminister zu der Adresse 17, Bruton Street eilen, als die Wehen der Herzogin von York (später vor allem bekannt als Queen Mum) immer stärker wurden. Elizabeth kam im Haus der Eltern ihrer Mutter zur Welt. Der Innenminister hatte sich standhaft-schamhaft im Hintergrund des Zimmers aufgestellt. Die Geburt war langwierig, peinvoll für die Mutter. In der Sprache der Leute vom Buckingham-Palast war *a certain kind of treatment* nötig, eine spezielle Behandlung. Damit war umschrieben, dass Elizabeth per Kaiserschnitt zur Welt kam.

Die Pflicht des Innenministers, der Geburt eines königlichen Kindes beizuwohnen, war jahrhundertealte Tradition. Und Tradition war 1926 wichtiger als Verhandlungen mit den Besitzern der Kohle-Bergwerke, die den Grubenarbeitern miserable Löhne zahlten. Als Elizabeth dann 1948 mit dem späteren Prince of Wales schwanger war, wollte ihr Vater, König George VI., dass dem Herkommen Genüge getan werde: Der damalige Innenminister sollte bei der Geburt dabei sein, so wie es immer gewesen war. Tradition!

Mittlerweile war die Welt freilich eine andere geworden. Nach dem Zweiten Weltkrieg besaß Britannien noch etliche Kolonien und Dominions. Die allerdings wollten sich von London nicht mehr alles diktieren lassen. Dazu gehörte, dass sie die britische Regierung piesackten, indem sie ihr Recht einforderten: Sie legten tückisch-diplomatisch Wert darauf, einen Abgesandten zur Geburt nach London zu entsenden; da die Anwesenheit des englischen

Innenministers erforderlich sei, argumentierten sie, müssten doch wohl auch Abgesandte ihrer Nationen bei diesem für das Empire ungemein bedeutenden Ereignis zugegen sein. Während der Fötus im Bauch von Elizabeth heranwuchs, wurde im britischen Innenministerium eifrig recherchiert. Man ging davon aus, diese Sitte – ein Minister habe bei der Geburt zuzuschauen – sei eingeführt worden, um Schummelei zu verhindern. Nicht dass da heimlich irgendein neugeborenes Bankert auf den unfruchtbaren Bauch der königlichen Mutter gelegt werde! Alle Recherchen bis zurück ins 16. und 15., möglicherweise auch bis ins 14. und 13. Jahrhundert ergaben aber nichts dergleichen. Das englische Recht baut auf protokollierte und in Statuten gefasste Präzedenzfälle; bloße Gewohnheit in der Praxis genügt nicht. Die Experten fanden nun aber keine niedergeschriebene Erklärung für die überkommene Sitte. Also sah die Regierung sich befugt, die Sitte abzuschaffen.

George VI. wurde mit den komplexen historisch-juristischen Erwägungen des Innenministeriums zweifellos vertraut gemacht. Vollends überzeugend wirkte ein Besuch des kanadischen Hochkommissars in London 1948: Der sagte, Kanada und andere Länder des Commonwealth seien hocherfreut, dass die Prinzessin Leben unter ihrem Herzen trage. Der Hochkommissar, mit den Statuten vertraut, tat kund: Kanada sowie andere Länder der Krone würden gern ihren Respekt zollen und legten deshalb großen Wert darauf, zur Geburt einen Repräsentanten zu entsenden. Alle zusammen wären das sieben Männer gewesen. Bei dieser Vorstellung wurde König George VI. leicht schwummerig; er folgte dem Rat seiner Berater, und seither muss kein Politiker bei der Geburt eines neuen Windsor-Babys anwesend sein.

So viel zu Elizabeth in der Wiege. Was die junge Frau im Bett angeht: Von der Queen ist nicht bekannt, dass sie irgendeine Jugendliebe gehabt hätte. Sie war sich ihrer royalen Position bewusst, sowie sie denken lernte. Abenteuer und Fehltritte konnte sie sich nicht leisten, hat sie sich verboten. Diese Art der Selbstkonditionierung ist beispielhaft. Die Queen hat sich immer staatstragend benommen, pflichtbewusst. Das wissen alle, auch dafür wird sie respektiert, von ihren Untertanen und in der Welt.

In seinem Buch »Das Leben meiner Mutter« hat Oskar Maria Graf über die einfache Landfrau, deren gesamtes Leben von Leid und Darben gezeichnet war, geschrieben, seine Mutter sei gewesen »wie ein Baum« – standhaft, duldend, niemals aufbegehrend, bis zum Ende. Queen Elizabeth hat nie Hunger gelitten, und gefroren hat sie bloß im Rahmen des in Britannien Normalen. Sie war kein Baum, sie war von Kindesbeinen an wie ein Fels. Als sie 1952 gefragt wurde, welchen Namen sie als Königin tragen wolle, konnte sie guten Gewissens sagen: den meinen. Sie konnte sich erlauben, in die Fußstapfen von Elizabeth I. zu treten. Sie kannte die Welt nicht besonders gut. Besonders gut gebildet war sie auch nicht. Man hatte alles getan, dass sie nicht zu einem »Blaustrumpf« werde, also eine von diesen Frauen um die Jahrhundertwende, die so viel gelesen hatten, dass sie sich den Suffragetten anschlossen, die das Wahlrecht für Frauen erkämpften. Die kleine Elizabeth erhielt, damals keine Seltenheit, Heimunterricht, der, und das war schon eher ungewöhnlich, auf siebeneinhalb Stunden pro Woche begrenzt war. Sehr viel lernen kann man in dieser Zeitspanne nicht. Elizabeth wusste, wer sie war, was eines Tages von ihr erwartet werden würde. Das genügte.

Die Ehe mit dem fünf Jahre älteren Philip war eingefädelt worden. Dahinter stand vor allem sein Onkel Lord Mountbatten, mit Queen Victoria und der Zarendynastie verwandt. Philip selbst war, wie oben schon erwähnt, königlichen Blutes. Respektabel in der europäischen Aristokratie eingewurzelt, entsprach er allen nötigen Anforderungen an einen Prinzgemahl. Elizabeth musste ihre Gabe zur Selbstkonditionierung nicht sonderlich mobilisieren, um sich in den smarten, gut aussehenden Junggesellen Philip zu vergucken. Und Philip – im Gedenken an seine Reise in der Apfelsinenkiste, mochte er sie auch nicht bewusst wahrgenommen haben – war einverstanden. Sein ganzes Leben lang sollte der Herzog von Edinburgh sich als gut erzogen erweisen, von Bettflucht in ein Liebesnest ist nichts bekannt.[*]

Zur Hochzeit 1947 erhielt das Paar von seinen Untertanen eine Menge Teewärmer geschenkt: Kapuzen, die man über Kannen stülpt, damit der Tee warm bleibe. Alle Hochzeitsgeschenke wurden katalogisiert, die genaue Zahl der Teewärmer hat freilich nicht den Weg in historische Darstellungen gefunden. Anders verhielt es sich mit dem Präsent von Mahatma Gandhi, das im Katalog beschrieben wurde als »gefranstes Spitzentuch aus Garn, von dem Geber auf seinem eigenen Spinnrad gefertigt«.

---

[*] Die Filmserie »The Crown« stellt das anders dar. Für diese Darstellung gibt es keine belastbaren Indizien.

Queen Mary, Elizabeths Großmutter, war nicht sonderlich angetan: Sie argwöhnte, es möge sich um ein von Gandhi schon gebrauchtes Lendentuch handeln.

Anfangs hatte das junge Paar Schwierigkeiten bei der Wohnungssuche: Dieser Palast war belegt, jener noch nicht fertig renoviert. Als Elizabeth und Philip in Clarence House an der südlichen Ecke von St. James Palace (das war bis 1837 die offizielle Residenz der britischen Monarchen) endlich einziehen konnten, erwartete sie eine der Kommunikation zuträgliche Raumaufteilung: Beide hatten – so gehörte es sich – eigene Schlafzimmer; die Schlafzimmer gingen ineinander über; Elizabeths Schminktisch und Philips Rasiertisch waren nahe der Durchgangstür aufgestellt, sodass sie miteinander reden konnten, während sie sich fein machten.

Dieser fürsorglichen Maßnahme des Inneneinrichters ungeachtet, hatte Prinz Philip sehr bald nach der Krönung Elizabeths im Jahr 1952 das Gefühl, in seiner Ehe eingesperrt zu sein. Seine Rolle empfand er vor allem deshalb als Bürde, weil er viel lieber führender Offizier auf einem Schlachtschiff gewesen wäre; immerhin war er zuvor *Admiral of the Fleet* gewesen. Das war mit seiner Rolle als Königinnengemahl nicht vereinbar.

Und so war er denn dauerhaft angelandet, sei es in Clarence House, im Buckingham-Palast, auf Schloss Windsor oder auf Schloss Balmoral, und kleidete sich zweimal pro Tag um: einmal zum Tee und dann für das Abendessen. Tausende Auftritte hat der tapfere Herzog von Edinburgh an der Seite der Queen und auch allein absolviert – die meisten an Land. Vergleichsweise selten nur hatte er die Gelegenheit, sich in maritimer Uniform zu präsentieren. Seine Lebensenttäuschung kompensierte er, zumindest ein wenig, indem er – ein einfallsreicher Mann – öffentlich Scherze rassistischer und anderer fieser Art machte, wie er sie als ein stolzer Konteradmiral auf See möglicherweise lediglich im Offizierscasino geäußert hätte. Seine besten Bonmots waren ungemein boshaft, aber so originell, dass ein britischer Verlag es lohnend fand, sie 2011 in einer Anthologie zu sammeln.[*]

Als Philip 2021 starb, wurde er allgemein betrauert, auch von Leuten, die sich beleidigt gefühlt hätten, wenn ein anderer als er sich über sie lustig gemacht hätte.

Soweit Dezenz und Dekorum der Fünfzigerjahre es erlaubten, wurde die Queen als sexy geschildert. Der Herzog von Wellington war eingenommen von »ihren hübschen Zähnen, dem Haar, den Augen und der unglaublichen Güte der Haut«. Auch er hatte wahrgenommen, dass Elizabeth in Philip verliebt war. Man nehme dazu, fügte er also etwas hölzern an, »die wunderbare Stimme und die Liebesgeschichte, und man kommt zu einem zutiefst bewegenden Resultat«. Der Starfotograf Cecil Beaton, auch er offenbar kein Meister der Poesie, stellte nach einer kurzen Begegnung begeistert fest: »Ihre Augen sind nicht die einer geschäftigen, getriebenen Person. Sie blickt auf Menschen mit dem Bewusstsein der Empathie – und der Anflug eines Lächelns umspielt den sonst festen Mund.«

In der Tat: Die Queen war in ihren jungen Jahren eine attraktive Frau. Der Herzog von Edinburgh – das dürfte

---

[*] Rory Scarfe: »Royally Incorrect. Die besten Sprüche von Prinz Fettnapf«, übersetzt von Christoph Bausum, *C. H. Beck*, 2018.

gewiss sein – oblag seinen ehelichen Pflichten mit Gusto, sodass Elizabeth Mutter von vier Kindern wurde: Charles, Anne, Andrew und Edward, die es mit dem Respekt vor der heiligen Unverletzlichkeit des Ehebettes dann nicht mehr so genau nahmen wie ihre Eltern.

Queen Victoria (1819 bis 1901) ist allgemein bekannt in ihrer Altersform: trauernd um den Jahrzehnte zuvor verstorbenen Gatten Albert, füllig im schwarzen Kleid, Mutter von neun Kindern, Großmutter zahlreicher Enkelkinder. Diese Königin war aber viel mehr als eine Glucke. Sie konnte noch Einfluss nehmen auf die Politik ihrer Regierungen. Wenn sie während ihrer langen Regentschaft dem jeweiligen Premierminister eine Botschaft zukommen ließ, dieses oder jenes müsse erwogen, müsse gemacht, müsse anders geplant werden, sei gar ausgeschlossen, dann kam das als eine Direktive an, die mit einer höflichen Blabla-Antwort nicht bedient war. Die Premierminister mussten reagieren. Sie konnten dem Wort der Queen entsprechen, ihm halbwegs entgegenkommen oder es mit guten Gegenargumenten abschmettern, auf jeden Fall waren sie in der Pflicht: Victorias Kommentare mussten ernst genommen werden.

Im 20. Jahrhundert und zwei Weltkriege später hatte das britische Königshaus keinerlei Einfluss mehr auf die Politik. Deshalb genoss Elizabeth bloß rudimentären Schulunterricht. Urteilskraft kommt mit der Bildung. Bildung brauchte sie aber nicht, weil sie – so das Raisonnement ihrer Eltern und aller Ratgeber – nicht in die Lage kommen werde, ihre Urteilskraft zum Spielen zu bringen. Elizabeth II. ist in der langen Geschichte der britischen Monarchie die erste Vertreterin dieser haltbaren Institution, deren Aufgaben sich darin erschöpft haben, einen Thronfolger zur Welt zu bringen und ihr Land zu repräsentieren.

Im Laufe der Jahrzehnte hat sie in der Praxis viel von Politik gelernt. Zwar hält sie sich an das Komment, niemals öffentlich ihre Meinung zu äußern. Aber manches ist denn doch durchgesickert, so vor allem ihre große Verbundenheit mit dem Commonwealth, der Gemeinschaft etlicher Staaten, die einst Kolonien oder Dominions des Empire waren. Elizabeths Lebenswandel ist immer untadelig gewesen. Sie verkörpert, was viele Briten – und die Touristen – sich wünschen: Sie ist der Erste Offizier ohne Aufgaben auf dem Schiff Britannien: pünktlich, zuverlässig, verlässlich. Seit jeher ist sie ein wenig altbacken angezogen. Vielleicht gäbe es Hüte, die ihr gut stünden? Nicht bloß ihre Reden, auch ihre Kleidung hat sie sich vorschreiben lassen. Vor Jahrzehnten vertraute sie einem Bekannten an: Hüte möge sie gar nicht, viel lieber trage sie ein Diadem. So wollen wir sie uns vorstellen: nicht mit Hut, sondern mit Diadem im Bett.

Renate von Matuschka

MEINE FREUNDIN, DIE KÖNIGIN

Das englische Fotomagazin Picture Post mit einem
Königinnenporträt vom 13. Juni 1953.

Ich bin in einem sehr alten Haus aufgewachsen. Ziemlich weitab in den Bergen gelegen. Um in die nahe gelegene sehr kleine Stadt zu kommen, musste man mindestens eine halbe Stunde gehen, auch zur Schule. Idyllisch, nach heutigen Gesichtspunkten. Mühselig aber damals im täglichen Dasein, natürlich ohne Auto, beim Einkaufen (mit dem Rucksack, was damals gar nicht modisch war), mit einem Fahrrad, das geschoben werden musste auf dem Heimweg, weil das Haus, in dem man wohnte, »oben« lag (Verbot für das Kind, zu lange in die Pedale zu treten, das galt als zu anstrengend). Nein, ich beschreibe keine Kindheit von vor 100 Jahren, sondern eine österreichische Kleinstadt-Kindheit in den späten 50er-Jahren des letzten Jahrhunderts.

Und wie es gekommen ist, dass damals eine tiefe, unverbrüchliche, natürlich virtuelle Beziehung zu Elizabeth Windsor, nachmalige Königin Elizabeth II. entstanden ist, die auf eine verschlungen märchenhafte Weise bis heute Bestand hat? Natürlich ist der Begriff »virtuell« eine Anleihe an viel spätere, moderne und damit heutige Zeiten. Den Begriff gab es noch gar nicht im täglichen Gebrauch, und seinen Sinn hätte ohnehin kein Kind verstehen können.

Der Anfang dieser sehr beständigen Beziehung, der Beginn, die Basis für alles Kommende lag im märchengetränkten Kopf des Kindes von damals. Unversehens fügte sich zu vielen, schon gehörten und bekannten Erzählungen eines Tages eine neue dazu. Eine mehr, die es dem Kind immer wieder mal möglich machte, aus dem sehr alpinen Dasein federleicht in unbekannte Welten entschweben zu können.

Frühkindliche Erfahrungen werden oft bis ins hohe Alter mitgeschleppt – sei es als Last, sei es als Glücksgefühle im Rückwärtsgang.

Hier aber, in dieser Geschichte, geht es nur um die Erinnerung daran, wie man sich mit Bildern in jenes Glück zurückfühlen kann, das zwar stark auch aus der eigenen Fantasie Nahrung bekam, aber leuchtend froh machte. Und den Beginn einer lange währenden Verbundenheit mit einem Menschen markiert, so fern vom eigenen Dasein. Und das Wunderbare dabei war, dass es um eine wirklich existierende Person ging. Eine, die nicht auf einem verwunschenen Schloss oder als verhexte Königin irgendwo tief in den Bergen lebte.

Es ist meine Geschichte und mein Zusammenleben mit Elizabeth II., Königin des Vereinigten Königreiches Großbritannien und Nordirland. Ja, Zusammenleben. So kann man ein über Jahrzehnte geübtes teilnehmendes Beobachten am Leben, an einem Scheinmärchen, das ja in Wirklichkeit ein zutiefst politisch geprägtes Dasein ist, durchaus nennen.

Ein beobachtendes Mitleben einer ungewöhnlichen Frau, beginnend im Europa des frühen 20. Jahrhunderts und im dritten Jahrtausend noch immer präsent.

Das Teilnehmen und das Beobachten: Natürlich wich die kindlich faszinierte Begeisterung über die, wenn auch ferne, aber eben doch Wirklichkeit, mit den Jahren einer etwas nüchterneren Betrachtung. Mit dem eigenen Erwachsenwerden wich das märchenähnliche Ursprungsgefühl für diese Person einer interessierten Anteilnahme am Leben dieser um einige Jahre älteren Frau auf ihrer immer isolationistisch eigensinnigen Insel.

Wie alles so gekommen ist: Also weit zurück zu den Wurzeln dieser einseitigen Freundschaft. (Doch, ich fühle mich mit dieser Person wirklich befreundet. So, wie ich es würdevoll alt gewordenen Menschen gegenüber oft empfinde. Auch wenn sie mir gar nicht nah sind.)

Das Kind in dem alten Haus kramte immer gerne herum. Es gab genug ungenutzten Raum und alte Kammern. Eines Tages fand es bei solchem Tun in einer Dachkammer ein ungewöhnlich großformatiges Heft, das dort anscheinend eher achtlos auf irgendwelchen alten Koffern oder Schachteln abgelegt worden war.

Die Frontseite des Heftes war ganz in Braun gehalten, aber mit einem wellenförmig über das ganze Titelblatt sich windenden goldenen Rand. Braun muss damals Mode gewesen sein für Gedrucktes, braun mit Gold – in der Erinnerung gibt es da noch manches. Das Heft war in seiner ganzen Ausstattung und Anmutung in jedem Fall ungewöhnlich. So ungewöhnlich wie der Ort des Fundes, die Dachkammer. Auf der Mitte der Titelseite waren eine Frau und ein Mann abgebildet. Einmal standen die beiden und einmal saß die Frau in einem Sessel. Aber beide Male hatte die Frau eine riesige Krone auf ihrem Kopf, dazu trug sie ein bodenlanges Kleid, das glitzernd aussah, und um sie herum wand sich eine Art unendlicher Teppich, so schien es. Er lag, am Rand durchgehend mit Blumenranken gemustert, seitlich neben ihr. Auf ihren Schultern gab es merkwürdige Quasten, und eine gewaltige Kette hing ihr um den Hals. Und der Mann neben ihr – einmal sah man ihn stehend mit vielen Abzeichen an seinem Anzug, auch er hatte eine Kette um den Hals, an den Schultern glänzte wie eine Art hochstehender Höcker auch Goldenes. In der Hand hielt er etwas, das das Kind als Bergstock definiert hätte, aber es blieb unklar, was das sein sollte. Beide Male sahen die Frau und der Mann sehr ernst aus dem Bild: Der Mann schien im Stehen zwar etwas zu lächeln. Die Frau mit der Krone, die wie ein ungeheuer großer, runder Hut aussah, der in der Verlängerung noch eine Kugel und ein Quadrat obendrauf hatte, saß auf einem rotgoldenen Stuhl mit ineinandergelegten Händen. Und sie sah sehr ernst aus, schien dem Kind.

Das Kind sah hier etwas, das eindeutig die Erfüllung dessen abbildete, was sich manchmal mit simplen Mitteln im märchengefüllten Kopf des Kindes und dann und wann in irgendwelchen Verkleidungen aus großmütterlichen Beständen darstellen ließ: eine Prinzessin. Das war es ja doch: Krone, ein überirdisch, unvorstellbar schönes Kleid und, damit sicherlich verbunden, irgendwie märchenhafte Gefühle, die sich leicht imaginieren ließen, wenn man genug vorgelesen bekommen hatte. Was zutraf.

Es gab Bücher im alten Haus, viele sogar, aus denen tatsächlich auch viel vorgelesen wurde, es gab ein Klavier und ein altmodisch krächzendes Radio. Mehr an möglichen medialen Einflüssen war damals generell nicht sehr üblich, in dem Haus mit den immer beschäftigten Erwachsenen schon gleich nicht. Das Kind war also angewiesen auf märchenhafte Vorstellungen.

Und nun dieses Heft. Ungewöhnlich nicht nur der

Fundort, ungewöhnlich auch, dass es überhaupt je den Weg in dieses Haus gefunden hatte, irgendwann anscheinend mal. Und dann vergessen worden war.

Und welche Märchenwelt tat sich beim Blättern des braun-goldenen Traums auf! Immer wieder von goldenen Kronen unterlegt, waren Fotos von Menschen zu sehen, die in nie vordem gesehener Art tatsächlich schönste Kleider trugen, Frauen hatten fast alle auf dem Kopf irgendetwas Glitzerndes ins Haar gesteckt, die Männer sahen groß und wichtig aus. Doch, die Wichtigkeit teilte sich der jungen Betrachterin auf eine Weise mit, die sich aus dem starken Gegensatz zur gewohnten nachbarlichen Umgebung ergab, den täglichen Begegnungen, die sich aus bäuerlichem Dasein ergaben, in dessen Sphäre das Kind lebte.

So lernte ich, dieses Kind, also die Königin von England, Elizabeth II., kennen – als eine durchaus etwas gequält blickende, aber schöne, von tiefem Ernst erfüllte junge Frau, die meiner einfachen Kindheitsvorstellung nach vom Augenblick der Krönung an wohl in einem unvorstellbaren Wunder-Märchenland leben würde.

Was ich in der Hand hatte, war nämlich ein Heft zur Krönung von Königin Elizabeth II. Die fand am 2. Juni 1953 in Westminster Abbey statt, vollzogen vom Erzbischof von Canterbury.

Nun tat sich eine Wunderwelt auf über die Vorstellung eines Lebens als Königin. Einer wirklichen. Nicht einer erfundenen. So jemand hatte vermutlich keine Sorgen. Welche auch? Eine Schar von Dienern war sicher um sie herum, wie ich das ja aus vielen Märchen kannte. Auch eine böse Fee und eine neidische Schwester, die die Schuhe der jungen Königin haben wollte, obwohl sie ihr zu klein waren, wurden schon in Erwägung gezogen. Es war alles da, was das Kinderhirn sich ausdenken konnte. Nicht zu ahnen war jedoch, dass aus dem Märchen mit dem symbolisch nicht passenden Ballschuh im »Aschenputtel« viel später ganz real ein nicht in den geschwisterlichen Rahmen passender geliebter Mann auftauchen würde.

Mein Fund war, gemessen an dem Haushalt, in dem ich lebte, in jeder Hinsicht sensationell: Außer der *Sonntagspost* kam nie etwas aktuell Gedrucktes ins Haus. Obwohl es auf dem Schulweg einiges zu sehen gab, was verlockend und auch sehr elegant aussah. Hefte, übrigens in der Erinnerung auch in Braun und goldfarben, mit Titeln wie »Film und Frau«. Meilenweit entfernt von einer Möglichkeit, so etwas je in die Hand zu bekommen.

Was war geschehen, und wie kam das Kind, ich, zu dem wunderbaren Fund? Selbst meine in jeder Hinsicht eher altmodische Mutter (wie ich fand) muss im Jahr 1953 ein Bedürfnis verspürt haben, außer beschwerlichen Einkäufen, einer kleinen, oft renitenten Tochter und einer alten, auch nicht immer geschmeidig argumentierenden eigenen Mutter sich dem vermeintlich Schönen und fernen Unvorstellbaren in Bildern hingeben zu können.

Mich machte der Fund, der bei seiner Auffindung schon etwas älter war, so froh, weil mich die Bilder in gänzlich unbekannte Welten versetzten. Freilich konnte ich längst auch schon lesen, aber es waren die Bilder, die mich mehr interessierten. Und die ich mir immer und immer wieder ansah und eigene Geschichten dazu ausdachte.

Es muss für die erwachsene Mutter auch eine Art Verführung gewesen sein, sich anschauen zu können, wie so ein Land mit einer wirklichen Königin sich in Pomp und Glanz darstellte. Die damals noch gar nicht lange zurückliegende, weniger erfolgreiche Geschichtsdarstellung des eigenen Landes war in der eher älplerischen Welt sonst beileibe kein Thema. Warum also nicht Anleihen bei erfolgreichen und märchenhaften Gestalten nehmen und sich am Guten und Schönen erfreuen? Und vermutlich gab es für die ansonsten eher nüchterne Mutter des Kindes dieses eine Mal auch eine Lust, sich mit dem ungewöhnlichen Vorgang einer Krönung in schönen Bildern hinzugeben. Dass es erstaunlicherweise selbst heute, wo alles in Echtzeit, sofort und unmittelbar in Bild und Ton verfügbar ist, tatsächlich immer noch »Sonderhefte« dieser Art für vor allem adelige Hochzeiten und royale Ereignisse gibt, ist ein erstaunliches Phänomen.

Zurück zum Kind: Das war der Beginn meiner wunderbaren Freundschaft mit Königin Elizabeth II.

Sie währt bis zum heutigen Tag. Wir haben natürlich weder eine Brieffreundschaft noch einen gemeinsamen Account bei Instagram, Facebook oder sonst wo, ich bin keine *follower* auf einer sicher auch im royalen Umfeld existierenden Twitter-Seite. Die Beziehung ist einseitig, aber von meiner Seite unlösbar und durch nichts zu trennen. Dass ich ein oder sogar zwei Mal den Erstgeborenen meiner Freundin Elizabeth II. samt seiner damaligen Gattin wirklich getroffen habe, tut nichts zur Sache, hat allerdings meine innere Beziehung zur Königin eher verfestigt. Nur von Mutter zu Mutter allerdings.

Elizabeth und ich altern gemeinsam. Wobei sie mir natürlich schon ein bisschen voraus ist an Jahren. Aber es ist ja die Dauer der Beziehung, die hier zählen soll.

Seit dem beglückenden Fund und dem sofortigen Bergen des braun-goldenen Schatzes ist Elizabeth II. die Person geblieben, die ich über Jahrzehnte immer mit meinem ursprünglichen Blick, nämlich dem des Mitgefühls, auch des Mitleidens und des Bewunderns beobachtet habe. Das mag unglaubwürdig klingen, aber einsame Kindheiten, und um eine solche handelte es sich ursprünglich, machen früh wach und beobachtungsfähig. Dazu kam, dass das etwas Märchenhafte sich nie vollständig aus meinem Bewusstsein hat verdrängen lassen, das sich mit dieser Königin verbindet. Keineswegs die vielen gescheiterten Liebschaften, Affären zwischen den Geschlechtern, auch zwischen gleichen in und außerhalb der engsten Familie, haben damit etwas zu tun, auch nicht tragische Todesfälle – da gibt es mehrere –, dies ist mir alles so unwichtig wie ihre Hüte, die starken Farben ihrer Garderobe oder die viel verspotteten Corgis, die immer um die Majestät herum sind.

Es ist allerdings noch eine Geschichte zu erzählen, die mich Elizabeth II. nahe fühlen lässt und die sehr in ihr Innerstes blicken ließe, könnte man davon ausgehen, dass sie wahr und wirklich geschehen wäre in der geschilderten Form. Was mehr als unwahrscheinlich ist.

Es ist die Geschichte des Abschieds von ihrem Vater im Jahr 1952, als Prinzessin Elizabeth zu einer Reise in das ferne Afrika, nach Kenia, aufbrach. Meine Großmutter hat sie immer wieder erzählt. Eine rührende, mich tief bewegende Erzählung, die mich gleichermaßen erschütterte

und in Angst versetzte: als die junge Frau, noch als unge-
krönte Prinzessin mit ihrem frisch angetrauten Ehemann
Philip kurz vor ihrer Abreise stand, habe ihr Vater, König
George VI., beim Abschied statt »Auf Wiedersehen« –
Großmutter sprach von »Au revoir«, das fand sie vorneh-
mer, wenn auch im Zusammenhang ziemlich unwahrscheinlich – da habe er also stattdessen nur »Gott behüte
dich« gesagt. In welcher Sprache das nun ausgedrückt
worden sein sollte, blieb freilich rätselhaft. Und Großmutter, die zwar Sprachen konnte, aber beim Abschied in
London am Flughafen wahrlich nicht dabei war, wusste
das irgendwoher. Die Deutung war: Das sei wohl eine Art
inneres Ahnen des Vaters gewesen, dass man sich nicht
mehr wiedersehen würde und er dennoch die geliebte
Tochter – da ich vaterlos war, schien mir das eine Beson-
derheit zu sein – in ihr Glück davonfahren ließ. Obwohl
er fühlte, dass sein Tod bevorstand und danach die große,
unendliche Last auf die junge Frau zukommen würde,
nämlich Königin von Großbritannien zu sein. Diese rührende, von keinerlei Wahrheitsgehalt getragene Geschichte wurde aber für lange Zeit auch zu einem der Grund-
pfeiler meiner Verbundenheit mit dieser Frau.

Aus dem Märchenland, den Träumereien und Scheinver-
bundenheiten in die Wirklichkeit zurück:
    Da wurde tatsächlich im Jahr 1952 aus der jung verlieb-
ten, aber wohl immer diszipliniert allen äußeren Anforderungen gerecht werdenden hübschen jungen Frau ganz
plötzlich über Nacht eine Königin – und gleich eine, die
über ein gewaltiges Weltreich zu herrschen hatte. Oder
durfte. Vielleicht auch: musste. Nicht nur Großbritannien

und Nordirland waren ihr untertan, sie wurde auch zum Oberhaupt des *Commonwealth of Nations,* das 53 Staaten umfasste, und zudem weltliches Oberhaupt der anglikanischen *Church of England.* Wir lassen hier aus, dass sich in den Jahrzehnten danach verschiedene britische Kolonien, die es bei ihrem Regierungsantritt noch gab, in die Selbstständigkeit verabschiedeten, unabhängig wurden. Und manche Länder gar keine Lust auf das königliche Oberhaupt hatten. Bei ihrer Geburt, das ist allgemein bekannt, war gar nicht abzusehen, dass sie einmal Königin werden würde – der Onkel Edward, *Prince of Wales,* Nummer eins in der Thronfolge, war noch nicht in die Fänge einer geschiedenen Amerikanerin geraten, der Großvater, George V., noch am Leben, und der eigene Vater schien, so besehen, auch nicht für königliche Ehren vorgesehen.

Es ist alles anders gekommen, wie man weiß.

Es sollte aber hier unbedingt noch angemerkt werden, dass für den – trotz allem immer für möglich gehaltenen – Fall einer unerwarteten Erbfolge überdies eine möglicherweise spätere Geburt eines Sohnes in Betracht gezogen wurde, Elizabeth wurde 1926, Margaret 1930 geboren. Nach den damals herrschenden Gesetzen wäre dann der männliche Erbe in die royale Erbfolge gekommen.

Aber so ist es nicht gekommen. Freilich hatte man Elizabeth schon von früh an ein bisschen vorbereitet auf die vage Möglichkeit, dieses gottgegebene Amt eventuell einmal ausfüllen zu müssen. Und bereits als der Zweite Weltkrieg ausbrach, da war Elizabeth Windsor etwas über dreizehn Jahre alt, war bereits klar, dass die junge Prinzessin einmal Nachfolgerin ihres Vaters, König George VI., werden würde. Die unmoralisch gefärbten Liebeswirren des Onkels hatten das so verursacht. Aber sie muss wohl immer schon auch ihren eigenen Kopf gehabt haben. Dass man sie im Nachkriegsengland einen armen Tropf heiraten ließ, deutet auf eine gewisse Beharrlichkeit hin, die sie sicher für die Durchsetzung dieses Wunsches brauchte. Denn der arme Tropf hatte auch noch deutsche Verbindungen, deutsche Verwandte, die den Nazis nicht abgeneigt gewesen waren, und das machte die Heirat zu einer ziemlich delikaten Angelegenheit.

Ein bisschen *gossip* zwischendurch: Bis zum Tod von Prinz Philip konnte man überall und immer davon lesen und hören, dass sich die sehr junge Elizabeth als halbes Kind bereits in ihren Prinzen verliebt haben soll. Abgesehen davon, dass Jahrgänge wie Elizabeth und Philip ohnehin gar nicht an Scheidung oder öffentliche Trennung zu denken gewagt hätten, waren die beiden dreiundsiebzig Jahre miteinander verheiratet gewesen – in guten wie in schlechten Zeiten … Da musste ihr das Verständnis dafür fehlen, dass Schwester Margaret ursprünglich einen sechzehn Jahre älteren, geschiedenen Mann mit zwei Söhnen heiraten wollte. Und das mitten in den Vorbereitungen der Krönung. Erst sehr viel später wird sie auch in dieser Hinsicht noch einiges dazulernen – müssen.

Warum ich mir Serien über die königliche Familie und die Königin ansehen sollte, wenn sich doch das Leben der Dargestellten vor unser aller Augen ohnehin in »Echtzeit« abspielt, habe ich nie ganz verstanden. Und die wirklichen Geheimnisse, Gefühle, Reaktionen, Meinungen und Gedanken, die echten Beweggründe vor allem der Hauptperson selbst, müssen ja wohl immer im Bereich des Vermuteten bleiben. Denn: Die Königin ist sozusagen Vorsitzende einer Firma, wie das die Familie wohl selbst nennt, namens »konstitutionelle Monarchie«. Und mit diesem Job verbunden ist auch das eherne Gesetz, dass keine Äußerung und keine Stellungnahme je von der Vorsitzenden kommen darf, was ihre Rolle als Oberhaupt dieser weltweit agierenden Firma betrifft.

Die Firma existiert als derart bezeichnete Monarchie unter diesem Namen seit 1688. Kündigen kann man in dieser Firma nie – für den abgetretenen Onkel musste ein eigenes Gesetz geschaffen werden im Jahr 1936. Es ist nicht gestattet, einseitig abzudanken, der Monarch oder die Monarchin herrscht bis zum Tod. Der Herrscher, die Herrscherin im konkreten Fall, darf sich nie politisch betätigen, ja sogar das Grundrecht eines jeden Bürgers, nämlich zu wählen, ist für diese eine Person nicht vorgesehen.

Trotzdem glaube ich nicht an die bloße »stumme Rolle«, die diese Königin qua Gesetz einzunehmen hat. Die Königin von England ist tatsächlich dazu verpflichtet, sich nie direkt in die Politik einzumischen. Einer ihrer Vor-Vor-Vorfahren hat das mal versucht, das ist bald 400 Jahre her, scheiterte dann aus vielen Gründen, er wurde hingerichtet, womit erst mal das Feld für eine Republik bereitet wurde, die für ein paar Jahrzehnte auch funktionierte. Dann wollten die Untertanen doch wieder lieber eine Monarchie. Und ein bisschen erinnert mich das an die heutigen Verhältnisse. Immer wieder gibt es irgendwo im großen Commonwealth ein Referendum, ob man die Monarchie nicht gänzlich verlassen, ob man nicht endlich unabhängig werden sollte – und immer wieder gehen dann solche Fragen zugunsten eines Verbleibs in den monarchischen Gefilden aus.

Die Beliebtheitswerte der königlichen Familie fallen und steigen – je nach Zeitumständen, Hochzeiten, Mesalliancen, Vermögensfragen oder tragischen Liebesaffären. Ist Queen Elizabeth II. also ein Auslaufmodell, dem man halt noch die Treue hält, weil sie auch schon so lange selbstverständlicher Teil des Ganzen ist? Mag sein, dass das an ihr liegt – es verbietet sich, hier über ihren Nachfolger Mutmaßungen anzustellen.

Zur »stummen Rolle«: Freilich muss die Königin seit sieben Jahrzehnten Jahr für Jahr die *Queen's Speech* halten, zur Eröffnung der britischen Parlamentssaison. Da muss sie einfach vorlesen, was ihr der oder die jeweilige Regierungschef*in aufgeschrieben hat. Und sicher muss sie dabei auch manche Kröte schlucken, die man ihr ins Manuskript mit dazugelegt hat. Aber auch umgekehrt geht dieses Geschäft: Jeder Regierungschef muss einmal in der Woche zur »Chefin« gehen und sie über alles informieren, was ansteht in Regierungsfragen. Das ist eine klandestine Angelegenheit, nie dringt ein Wort nach außen, was und in welcher Form die Königin meint und denkt. Was immer sich Filme- und Serienmacher dazu schon ausgedacht haben mögen.

Ob sie wirklich mit Margaret Thatcher im Jahr 1986 so aneinandergeraten ist? Mit Sicherheit gab es damals eine tiefgehende Kluft zwischen den beiden Frauen in der Beurteilung der Südafrika- und damit der Apartheidpolitik, wie sie Thatcher betrieb – das haben auch seriöse Zeitungen und Zeitgenossen beschrieben und bestätigt. Ob dabei eine Rolle gespielt hat, dass die »spröde Chefin des Windsor-Clans und die brüske Tochter eines Gemischtwarenhändlers aus Grantham nicht gut miteinander können«, wie das der *Spiegel* beschrieb, bezweifle ich einfach. Wie ich auch glaube, dass man dieser Frau mit der Reduktion auf die schieren Äußerlichkeiten eines royalen und von einflussreichen Menschen gelenkten Daseins sehr unrecht tut. Allein die Tatsache, dass sie sich beim Streit mit Thatcher wohl schon sehr weit aus der üblicherweise »stummen Rolle« herausgewagt hat, lässt auf eigene Denkfähigkeit schließen. Die sich mit ein wenig Lebenserfahrung auch unabhängig von Ratgebern entwickeln lässt.

Vor lauter Hinsehen auf Hüte und Hunde vergisst man leicht, dass es sich bei dieser Königin um eine Frau handelt, die, aus einer fast vor-vor-jahrhundertealten Tradition kommend, sich im Laufe der vielen Jahrzehnte keineswegs nur auf eine aus goldenen Karossen grüßende Märchenkönigin reduzieren lässt. Auch die *Imperial State Crown,* die sie sogar manchmal zu Parlamentseröffnungen getragen hat, ist ihr in den letzten Jahren wohl eher zu schwer geworden. Sie hat sie mal als »unhandlich« bezeichnet, was angesichts der Umstände, zu denen sie zu tragen war, wohl eher eine Untertreibung war.

Die Frau, die als Königin keine – öffentliche – Meinung kundtun darf: Man beachte – das lässt sich alles in endlosen Folgen und Bildern ansehen – ihre Rede zur Parlamentseröffnung im Juni 2017. Nicht nur kam sie da in einer betont schlichten Kleidung daher, keine lange Robe, wie so oft, sondern in einer sehr einfach gehaltenen, dafür farblich bemerkenswerten Garderobe. Der blaue, zum ebenso blauen Kleid passende Hut war mit gelben Sternen versehen – man durfte sich durchaus an die Farben der Europäischen Union erinnert fühlen. Ein Schelm, wer Böses denkt … Natürlich kein Wort zum Brexit, der damals verhandelt werden musste. Die Königin hat keine Meinung zu äußern. Theresa May soll allerdings diese Aufmachung der Königin eine Provokation genannt haben.

Die Souveränität von Elizabeth II. gründet sich wohl kaum auf humanistisch gebildeter und geformter Einsicht, die sie zu Erkenntnissen ihres Handelns bringt. Aber ihre Form der unpolitisch-politischen Handlungsmöglichkeit scheint zu sein, schlicht Zeichen zu setzen. Das kann auch die direkte Stellungnahme und persönliche Meinung widerspiegeln und lässt sich dabei so einfach durch Äußerlichkeiten symbolisieren.

Das hat sie wohl immer wieder auf ihre Weise getan, und das sind ihre Möglichkeiten bei allem repräsentativen Dekor geblieben, dem sie auch gerecht werden muss, weil man es von ihr einfach erwartet.

Sie ist als blutjunge, sicherlich noch eher unerfahrene Königin im Jahr 1961 nach Ghana gefahren – das bis ein paar Jahre davor britische Kolonie war, Goldküste hieß und von einem sich zunehmend autokratisch gebärdenden Mann geführt wurde, Kwame Nkrumah. Sogar Churchill soll den damaligen Premier Harold Macmillan gebeten haben, die Königin von dieser Reise abzuhalten. Man fürchtete Anschläge und hatte Sorge um das Leben der Königin. Sie fuhr aber dennoch und führte dabei auch das Argument an, dass sie schließlich auch dreifache Mutter sei, nicht nur Königin Elizabeth, und auch das Wohl und Schicksal dieser – damals – drei Kinder im Auge behielte und daher nicht fahrlässig handle. Sondern sehr bedacht.

Sage keiner, dass sie zugunsten ihrer Haltung und ihres Einsatzes für den Commonwealth, der ihr bis heute so sehr am Herzen liegt und dessen Bestand ihre Hauptaufgabe zu sein scheint, das Leben ihrer Kinder für geringer geachtet habe. Es gibt ein Originalzitat aus dieser Zeit: »*I am not a film star. I am the head of the Commonwealth and I am paid to face any risks that may be involved*«, oder auf Deutsch: »Ich bin kein Filmstar, sondern das Haupt des Commonwealth, und ich werde dafür bezahlt, den damit einhergehenden Risiken ins Auge zu schauen.«

Sie hat eine ganze Menge an Gefahren überstanden, musste Risiken eingehen und sich ein paarmal Einsichten von außen beugen. Sie hat einen der größten russischen Spione in ihrem familiären Umfeld gehabt, der Chef der königlichen Gemäldesammlung war und damit ein Vertrauter. Nach dessen sehr diskreter Enttarnung schwieg die Königin auch jahrelang zu dieser Ungeheuerlichkeit.

Sie hat sicher immer mehr gewusst, als sie hat sagen können. Vielleicht ist die berühmte *stiff upper lip*, angeblich jedem kühl gelassenen Engländer zu eigen, auch ihre Art gewesen, mit der sie Tölpel wie ungezogene amerikanische Präsidenten genauso souverän überstanden hat wie ebenso ungehobelte Premierministerinnen oder auch nächtliche Eindringlinge in ihrem Schlafzimmer. Und eben Spione, aus bestem Haus, nebenbei.

Sie hat in ihrem langen, ja durchaus politischen! Leben nur zweimal *nicht* die Eröffnungsrede im britischen Parlament gehalten: 1959, da war sie schwanger mit Andrew, und 1963, schwanger mit Edward. Damals wäre wohl die Vorstellung, eine Königin mit dickem Bauch würde das Parlament eröffnen, abwegig gewesen. Nicht einmal das Wort Schwangerschaft wurde benutzt, sondern man sprach nur davon, dass die Königin zeitweise keine »öffentlichen Verpflichtungen« mehr wahrnehmen werde.

Mir scheint, diese Frau ist eine ständige Herausforderung an sich selbst, und mir scheint auch, dass sie dabei alle Fehler machen darf und durfte, die man in einem lange währenden menschlichen Leben in jedem Fall macht. Sie hat nicht nur eine Rolle, nämlich Königin zu sein, nicht nur eine zweite, nämlich auch Mutter von vier Kindern zu sein, hatte nicht nur einen sicherlich nicht unkomplizierten Ehemann, sie fühlt sich mit Sicherheit bis heute verantwortlich für das große Erbe, den Commonwealth zu erhalten mit rund einer Milliarde Menschen. Etwas, was den meisten von uns eher fremd sein dürfte.

Es darf unterstellt werden, dass sie auch ganz lebendige Gefühle hat. Selbst wenn die heute übliche Geschwätzigkeit von Kindern, Schwieger- und Kindeskindern, Zofen und Dienern und dem ganzen Gemurkse in einem sehr großen Haushalt dies immer wieder infrage stellt.

Die Königin und ich: Wir leben ja nun auch schon fünfzig Jahre zusammen, da kann man so was schon ein wenig beurteilen.

Patricia Dreyer

DER SCHWAMM UND DIE DRAMA-QUEEN

*Elizabeth, Diana und
die Würde Ihrer Majestät*

*Auf diesem Foto vom 4. August 1987 lächeln Diana,
Prinzessin von Wales, und Königin Elizabeth II. vor dem
Clarence House in London Passanten zu. Für jemanden,
der sein Leben im Rampenlicht als Shy Di begann,
wurde Prinzessin Diana während ihrer Jahre im Haus Windsor
zu einer wahren Revolutionärin. Sie trug dazu bei, die Monarchie
zu modernisieren und persönlicher zu gestalten.*

An einem milden Spätsommertag hielt Elizabeth II. eine der wichtigsten Reden ihres Königinnenlebens. Nicht freiwillig, sondern unter großem Druck. Ihr Volk war aufgewühlt, aufgestachelt, renitent. Und ich werde nie vergessen, wie Elizabeth Windsor damals mit ihrer herben Wahrhaftigkeit die Monarchie verteidigte.

Sie hätte lügen können in jenem Moment, heucheln, so tun, als ob. Doch in der dramatischsten Krise ihrer Regentschaft zeigte sie, dass sie keine Taktikerin ist, keine Politikerin, keine Schauspielerin. Sie ist: die Queen.

Fünf Tage zuvor, in den frühen Morgenstunden des 31. August 1997, war ihre Ex-Schwiegertochter Diana, erst 36 Jahre alt, nach einem Autounfall in Paris gestorben.

Diana war tot – nur wenige Nachrichten können im Zeitalter globaler Vernetzung, in dem ein Newszyklus ständig den andern überrennt, noch die Welt anhalten. Diese tat es.

In Paris waren in der Nacht zum 31. August Paparazzi der Limousine nachgejagt, mit der Diana und ihr Geliebter unterwegs waren. Der Chauffeur war alkoholisiert, fuhr zu schnell, das Auto krachte im Tunnel unter der Alma-Brücke gegen einen Betonpfeiler. Wenige Stunden später starb die Prinzessin, die nicht angeschnallt gewesen war, an inneren Verletzungen im Krankenhaus.

Eine intensive Trauer setzte ein. Jede und jeder, so schien es, war getroffen, zutiefst schockiert – nicht nur in Großbritannien, sondern weltweit. Diana war ein Popstar, jung, schön, charismatisch, ihre globale Präsenz überwältigend. Jeder schien sie zu kennen, empfand ihren Verlust als persönlich, als sei jemand gestorben, dem man tatsächlich nahestand. Massenhysterie lag in London in der Luft.

Im Frühjahr 1981, als Dianas Stern aufgegangen war – Kindergarten-Praktikantin verlobt sich mit dem Thronfolger der prestigeträchtigsten Monarchie der Welt –, war ich zwölf.

Das Schicksal der Windsors hatte mich bis dato nie besonders interessiert.

Doch diese halb schüchterne, halb kokette junge Frau, das vermeintlich Märchenhafte ihres Aufstiegs – das hatte was.

Am Tag ihrer Hochzeit wirkte Diana in ihrem epischen Brautkleid geradezu elektrisierend auf mich. In Londons größter Kathedrale St. Paul's schritt sie zum Traualtar wie ein Schauspielstar auf eine Bühne, ihr Blick hinter dem Schleier plötzlich sehr selbstbewusst. Sie stand im Mittelpunkt dieses Spektakels, und sie genoss es. Eine in den Augen meiner Generation angestaubte, überflüssige Institution wie die britische Monarchie wurde aufgepeppt durch eine neue, reizvolle und potenziell sehr mächtige weibliche Identifikationsfigur.

Was würde Diana, damals zwanzig Jahre alt, daraus machen? Wie geht ein Leben weiter, das mit einem Märchen beginnt?

Tja. Das große Theater in St. Paul's war, wie wir heute wissen, keine Liebesheirat, sondern die überstürzte Antwort auf eine dynastische Zwangslage. Der Thronfolger

126

brauchte eine Frau und hatte bei der Wahl nicht genauer hingeschaut. Sie auch nicht.

Die Ehe verlief katastrophal unglücklich, Diana fühlte sich, wie sie später ausführlich beschrieb, überfordert im medialen Zirkus, ungeliebt von Charles und dem kaltblütigen Windsor-Clan, verletzt und hilflos. Dass die royale Anfängerin über Nacht der Star des Windsor-Ensembles war, machte die Lage noch komplizierter.

Das Fatale am Phänomen Diana war, dass wirklich alles, was sie tat, faszinierend wirkte und sich für Medien zu Geld machen ließ. Wenn sie kicherte, glücklich strahlte – wunderbar! Wenn sie unglücklich war und das auch zeigte – noch besser! Ob sie Aidskranken die Hand hielt, auf Bällen tanzte oder einfach nur eine Straße entlangging – jedes Foto, jede Story von ihr machte Auflage, verkaufte. Wo immer sie war, verfolgten Paparazzi die Prinzessin wie ein Schwarm Schmeißfliegen.

Die Queen kennt diese extrem aufdringliche Art der Beobachtung natürlich auch. Es gibt eine TV-Aufnahme aus dem Windsor-Park, die zeigt, wie sie einem Kutschenrennen von Prinz Philip zuschaut und Fotoreporter ihr die Sicht verstellen. Elizabeth, mit zitronensaurer Miene, vertreibt sie mit einem eisig hingezischten »*Do you mind?*«.

Aber anders als Diana sah Elizabeth in überzogenem Medieninteresse nie einen schmeichelhaften Beweis von Wertschätzung. Sie hatte es schlicht nicht nötig. Denn wo immer die Queen ist, ist sie ja ohnehin die wichtigste Person. Der Wow-Effekt ist eingepreist.

Man winkt ihr zu, verbeugt sich vor ihr, will ihr gefallen, ist ehrfürchtig. Niemand, dem sie begegnet, mit dem sie spricht, dem sie die Hand schüttelt, wird das je vergessen – und so war es für die Queen von Anfang an. Wenn man schon als Kleinkind vom Balkon der eigenen Wohnung zum Palast des Großvaters hinüberwinkt – zu »Opa England«, König George V., dann besteht kein Zweifel: Man ist wer.

Wahr ist natürlich, dass Monarchien, die heute bestehen wollen, die Medien brauchen. Ob es einem gefällt oder nicht: Sie erst machen Royalty relevant. Wenn Mitglieder der königlichen Familie Kindergärten einweihen, Überlebende von Katastrophen besuchen und Staatsgäste empfangen, machen sie ihren Job, und je sichtbarer das für die Steuer zahlenden Untertanen ist, umso besser. Also erträgt man es.

Was aber die Queen an Diana nie verstand, was sie beunruhigend und gefährlich fand, war deren Bereitschaft, mit der lästigen Presse auch zu paktieren. Wenn Diana, etwa während ihrer Scheidungsschlacht mit Charles, Schlagzeilen brauchte, bekam sie sie – weil sie Reportern Tipps gab, Fotografen Gelegenheiten zu Schnappschüssen verschaffte, Kolumnisten mit Storys fütterte.

Gejagte und Komplizin – ein schmaler Grad, auf dem Diana balancierte.

Vollends zerstört war das Verhältnis der beiden Frauen, als Diana 1995 in einem Fernsehinterview vor 23 Millionen britischen Zuschauerinnen und Zuschauern nicht nur über ihre Ehe auspackte, sondern Charles' Eignung als künftiger König anzweifelte. Die Queen muss das nicht nur als Tabubruch empfunden haben, sondern als Hochverrat.

Und nun also jene traumatischen Spätsommertage 1997. Diana war tot, und die Untertanen verlangten von ihrer

Queen, die sich mit der Familie in Schottland verschanzt hatte, dass sie sich in London zeigte, wo die vor den Palästen abgelegten Blumensträuße zu Ozeanen anwuchsen, und ihre Trauer um die tragische Prinzessin teilte.

Als die Presse – angeführt von den Publikationen des nicht eben Monarchie liebenden australischen Medienmoguls Rupert Murdoch – mitbekam, dass über dem Buckingham-Palast keine Fahne respektvoll auf Halbmast wehte, geigte sie diesen vermeintlichen Lapsus zur Staatsaffäre hoch.

Nüchtern betrachtet, war das Verhalten der wie immer bodenständig agierenden Queen nachvollziehbar. Der fünfzehnjährige William und der zwölfjährige Harry hatten ihre Mutter verloren, was war besser, als die Jungen im schottischen Hochland abzuschirmen? Und die Empörung wegen der Fahne war schlicht fabriziert – über Buckingham Palace weht seit Generationen einzig die Standarte des Monarchen, und dies auch nur, wenn er oder sie sich gerade dort aufhält.

Aber »nüchtern« hatte in jenen aufgewühlten Tagen keine Chance. »Zeigen Sie uns Ihre Anteilnahme«, hießen die Schlagzeilen, und »Hat das Haus Windsor ein Herz?«, und »Wo ist unsere Königin? Wo ist ihre Flagge?«.

Zunächst versuchte die Queen, die Sache trotzig auszusitzen. Doch dann zeigte sie eine Eigenschaft, die ich für selten halte und sehr schätze, obwohl oder gerade weil ich selbst darüber nicht verfüge: Nachgiebigkeit.

Wenn die Untertanen rufen, muss eine Königin wie Elizabeth, die Pflichtbewusste, folgen. Sie kam zurück nach London und sprach live zu ihrem Volk, zur ganzen Welt an jenem 5. September 1997.

Im *Chinese Drawing Room* des Buckingham-Palastes stand sie unter grellen Scheinwerfern. Die Balkontüren hinter ihr waren geöffnet und zeigten das Treiben am Victoria-Denkmal, wo sich die Menschen drängten; immer noch kamen täglich Tausende, um dort zu trauern.

Nach einer erschütternden Woche mit massiven, direkten Attacken, wie Elizabeth II. sie in 45 Jahren auf dem Thron noch nie erlebt hatte, trat sie vor die Kamera. Ohne wahrnehmbare Nervosität las die Queen mit ihrer aristokratischen, dünnen Knödelstimme ihren »*Tribute to Diana*« vom Teleprompter ab. Mit stetem Blick schaute sie uns durch die Gläser ihrer enormen Buchhalterinnen-Brille an. »Seit den schrecklichen Nachrichten vom vergangenen Sonntag …«

Geheuchelte Erschütterung hätte der Queen niemand abgenommen, dass sie Diana innig geliebt hätte, auch nicht. Aber sie konnte zeigen, dass sie verstanden hatte, warum Diana so verehrt worden war – wegen ihrer Fähigkeit zur Empathie, wegen ihrer durchaus fehlbaren Menschlichkeit.

Also wandte Elizabeth sich nicht nur als »Ihre Königin« an die Briten, sondern »als eine Großmutter«. Sie lobte Dianas »Energie« und ihr »Engagement für andere«, ihre Hingabe an ihre beiden Söhne, denen es nun zu helfen gelte.

Ganz Queen und ein wenig tadelnde Gouvernante, forderte sie die Briten schließlich auf, der Welt am Tag der Trauerfeier eine britische Nation zu zeigen, die »geeint« sei in »Schmerz und Respekt«: »Seien wir alle dankbar für jemanden, der viele, viele Menschen glücklich gemacht hat.«

War diese Rede zu spröde, zu kalt? Ich finde, sie zeigt zwei Eigenschaften der Queen wie unter einem Brennglas: Gradlinigkeit und Authentizität.

Elizabeth hasst Übertreibungen und Gefühlsduselei. Ihr Biograf Robert Lacey beschreibt, wie die junge Königin eine Rede anlässlich eines Besuchs in Kingston upon Hull in Yorkshire halten sollte. »Ich freue mich sehr, heute hier zu sein«, stand in einem ersten Entwurf, den einer ihrer Pressesekretäre komponiert hatte. Elizabeth strich das »sehr« – »ich freue mich« reichte ihr.

Visionärer Gestaltungswille, Fantasie und sogar Eitelkeit mögen in früheren Jahrhunderten Eigenschaften gewesen sein, die große Herrscherinnen und Herrscher brauchten. Dieser Königin fehlen sie völlig, und das ist gut so. Eine Monarchin ohne Macht, die verlässlich repräsentieren, aber keine große Welle machen soll, lebt besser ohne.

Tatsächlich ist Elizabeth schüchtern. Menschen aus ihrer eigenen Sphäre begegnet sie gelassen, aber im Umgang mit den Untertanen zeigt sie mitunter eine fast peinliche Steifheit und Förmlichkeit.

Die in ihren Zwanzigern strahlend schöne Königin glitt bereits in ihren Dreißigern ohne wahrnehmbares Bedauern in eine Art präsentable Matronenhaftigkeit hinüber. Die Kleider, die sie trägt, sind keine Fashion-Statements, sondern dienen in erster Linie dazu, sie bei öffentlichen Auftritten gut verorten zu können, darum die satten Farben, die großen Hüte.

Das, wonach Medien im Auflagenkampf so gieren, hatte die Queen nie zu bieten. Die Drama-Queen, das war Diana. Elizabeth dagegen ist geerdet, verlässlich bieder.

Zimperlich ist sie dagegen nicht. Paparazzi gelang im November 2000 ein Schnappschuss, der die Monarchin bei der Fasanenjagd zeigt. Mit eigenen Händen dreht sie einem apportierten Vogel den Hals um.

Elizabeth II., die zu schweigen versteht wie wohl keine andere Frau auf dem Planeten, gibt keine Interviews. Doch in einer Dokumentation der BBC über ihr Leben als Monarchin kommentierte sie 1992 ihre wöchentlichen Dienstagsgespräche mit den jeweiligen Premierministerinnen und -ministern.

»Ich hatte ziemlich viele«, sagt sie, »angefangen mit Winston« – gemeint ist natürlich Churchill, größter Staatsmann der neueren britischen Geschichte. »Sie laden ihre Lasten ab, sagen mir, was gerade los ist, ob sie Probleme haben. Und manchmal kann man auch auf diese Weise helfen.« Und dann fügt sie den bemerkenswerten Satz hinzu: »Es ist recht schön zu wissen, dass man eine Art Schwamm ist und jeder einem Dinge erzählen kann. Manches bleibt, manches geht zum anderen Ohr wieder raus. Manches wird nie herauskommen.«

Ich glaube, irgendwann nach jenen aufwühlenden Tagen im Spätsommer 1997 haben die Briten erkannt, wer ihre Königin ist, welche Qualitäten sie hat. Seit dem machtvollen Aufkommen sozialer Medien in den Nullerjahren erlebt jeder von uns gewisse Diana-Effekte. Wir alle sind dauerpräsent, werden beobachtet, bewertet, präsentieren uns, pflegen das eigene Image und sind ständig unter Druck, zu kommentieren, mitzumischen, uns zu offenbaren.

Was die Queen lange verplüscht und altbacken erscheinen ließ – das Festhalten an Traditionen, ihre Reserviertheit und Schweigsamkeit –, wirkt im Zeitalter der Selbstentblößung plötzlich wohltuend konstant, zurückgenommen und würdevoll.

Elizabeth II., die Jahrhundert-Queen, mittlerweile eine rührend gebeugte Urgroßmutter mit schneeweißen Löckchen, ist so beliebt wie nie. Und solange sich die Briten den schillernden Fetisch einer Monarchie leisten wollen, sind sie mit einem Schwamm an seiner Spitze nicht schlecht beraten.

Pieke Biermann

GUILTY PLEASURES

Königin Elizabeth II. trifft am 6. Oktober 2021 auf Windsor Castle Mitglieder des Royal Regiment of Canadian Artillery.

Wenn's um die Royals geht, fällt den meisten von uns wahrscheinlich *guilty pleasures* ein. Sich gegenseitig feines Gespött vor allem aus britischer Feder zulinken, stilkritische und küchenpsychologische, auf jeden Fall biestige Kommentare nach zwei, drei Stunden *royal weddings*-Kucken austauschen – das geht nur mit ähnlich vergnügungssüchtigen, also vertrauenswürdigen Freundinnen. Nur mit denen kann man auch fachsimpeln über die Unterschiede der Berichterstattung über, sagen wir, die Trauerzeremonie für den Prinzgemahl zwischen der BBC und dem deutschen Fernsehwesen.

Ansonsten – gegenüber Männern am besten nicht erwähnen, schon gar nicht gegenüber solchen, die nicht mal im Traum, sagen wir, Passiv-Fußball als *guilty pleasure* begreifen mögen. Und deshalb bin ich stinksauer auf Joe Biden. Nicht weil der QE II. (die Frau, nicht das Schiff!) persönlich besuchen durfte. Sondern weil der verdammt noch mal zuerst rausposaunt hat, wofür ich seit Jahren eine Gelegenheit suche: »Sie erinnert mich an meine Mutter.«

Okay, pack ich halt diese beim Schopf (die Gelegenheit, nicht die Frau!).

Meine Mutter ist nicht ganz so alt geworden, sie hatte auch weder ein Faible für Pferde noch Hunde, noch auffällige Kostüme und Hüte, aber auch sie hat, als ich ihr einmal eine schwarze Frau ins Haus gebracht habe, lieber auf *don't complain, don't explain* gemacht, als verbale Keilereien über *sex, race and class* loszutreten. So ab etwa 75, 80 Jahren wäre sie problemlos als Lilibets *body-double* durchgegangen. Nur die Kohle von Queenie hatte sie nicht mal in homöopathischer Dosis.

Aber nu, man kann nicht alles haben.

Gordon Tyrie

DIE QUEEN IN SCHOTTLAND

Sommerresidenz der Königin in Balmoral, 2018:
Königin Elizabeth II. unterhält sich mit Pony Major Mark Wilkinson;
Regimentsmaskottchen Cruachan IV. beobachtet die Szene.
Die Ehrenwache zu inspizieren, ist ein Ritual, bevor die
königlichen Sommerferien beginnen.

Ein riesiger Highlander öffnet die Tür der Limousine. Mit der behandschuhten Linken hält er seine Schwertscheide fest, damit er nicht darüber stolpert. Er ist ein Profi, obwohl man ihm anmerkt, dass er in diesen wenigen, entscheidenden Sekunden Angst hat, etwas falsch zu machen. Aber die Uniform sitzt perfekt, auch der karierte, knapp übers Knie reichende Kilt. Er stolpert nicht. Unfallfrei geht er zwei Schritte zurück, nimmt Haltung an, salutiert.

Zuerst wird ein pinkfarbener Hut sichtbar, gefolgt von einem pinkfarbenen Mantel. Dann erscheint eine geräumige schwarze Handtasche. Trittfeste Schuhe berühren den Boden. Die Queen steigt aus dem schweren Wagen und kommt offiziell in Balmoral Castle an.

Auch sie ist ein Profi. Nur bei ihr hat man quasi nie Angst, dass sie etwas falsch machen könnte, sie selbst schon gleich gar nicht. Der Sommerurlaub, den sie traditionell auf ihrem schottischen Landsitz verbringt, kann beginnen.

Na ja, fast. Zuerst inspiziert Königin Elizabeth II. ihre Ehrenwache, die *Balaklava Company* der Argyll und Sutherland Highlanders, 5. Bataillon des *Royal Regiment of Scotland*. Vor den Toren des Castles haben etwa 40 Gardisten in voller Montur Aufstellung genommen. Auf dem Kopf tragen sie ein *Glengarry,* ein Schiffchen mit einem gewürfelten Band an den Seiten, gekrönt von schwarzen Hahnenfedern und einer roten Bommel. Kommandorufe und Dudelsäcke ertönen, die Regimentsfahne wird geschwenkt. An der Seite des befehlshabenden Offiziers schreitet die Monarchin die Soldatenreihen ab. Es sind tatsächlich *ihre* Highlander, sie ist die Regimentschefin.

Unzählige Male hat sie dergleichen schon getan. Kleiner noch als sonst wirkt die Fünfundneunzigjährige, zögerlicher, zerbrechlicher. Ihr Rücken ist stark gebeugt, die Schritte sind nicht mehr so sicher und zielstrebig wie früher. Wie eine alte Dame auf einem Spaziergang die Straße runter kommt sie mir vor, überraschend fröhlich und gelöst. Vermutlich ist sie erleichtert, nach einem überaus schwierigen, leidvollen Jahr endlich in Balmoral angelangt zu sein – zum ersten Mal ohne ihren verstorbenen Gatten Prinz Philip, den Duke of Edinburgh, der sie fast siebzig Jahre lang nach Balmoral begleitet hat.

Es ist der 9. August 2021. Bis zum 3. August sind das Castle und die dazugehörigen Parkanlagen noch für die Öffentlichkeit zugänglich gewesen. Jetzt hat die Queen ihren Sommersitz ganz für sich allein. Zusammen mit etwa hundert Bediensteten.

Sie liebt Balmoral – einen der wenigen Orte, wo sie und ihre Familie sich relativ frei und ungezwungen bewegen können, und zwar nicht nur in dem weitläufigen Gebäudekomplex mit 70 Zimmern und üppigen Gärten, sondern auf dem gesamten, 243 Quadratkilometer umfassenden Gelände, zu dem auch mehrere kleine Dörfer gehören. Prinz Albert erwarb das Schloss im Jahre 1852 für Königin Victoria und sich, nachdem der unverheiratete Vorbesitzer an einer Fischgräte erstickt war. Die beiden hatten einen Narren an Schottland und seiner grandiosen Landschaft gefressen. Auch sie schätzten die Abgeschiedenheit am Fluss Dee unterhalb des mächtigen Berges Lochnagar und der Cairngorm Mountains.

Weiter geht es mit der Willkommenszeremonie durch die Royal Guards. Es ist wie nach Hause kommen. Die Queen lächelt anerkennend, wie sie es stets zu solchen Gelegenheiten tut. Der Rahmen ist klein, alles macht einen familiären, geradezu intimen Eindruck, ganz anders als bei der großen Militärparade »Trooping the Colour« vor dem Buckingham Palace in London, die wegen der Coronapandemie 2020 und 2021 ausfallen musste. Nur eine Handvoll Zuschauer verfolgt das Geschehen.

Dann macht sie Halt bei einem Pony. Pferde sind ja ihre Leidenschaft, doch dieses Pony ist nicht irgendein Pony. Das dunkelbraune Shetlandpony hört auf den Namen Cruachan IV. und bekleidet den Rang eines *Lance Corporal*. Es ist das Regimentsmaskottchen und misst am Widerrist fast hundert Zentimeter. Zahlreiche Orden sind an der Decke befestigt – wahrscheinlich alle für gutes Betragen beim Eintreffen der Chefin. Ein etwas korpulenter Highlander hält Cruachan IV. am Halfter. Die Queen wechselt ein paar Worte mit dem *Pony Major,* und er grinst, als habe sie ihm zur Vaterschaft gratuliert. Cruachan IV. steht einfach nur lammfromm da und ist deutlich entspannter als der Rest der Truppe.

Kurz darauf endet die Zeremonie. Ein letzter Gruß in die Menge, dann begibt sich die Herrin von Balmoral wieder zur schweren Bentley-Limousine und wird in ihr Anwesen chauffiert. Der Sommerurlaub kann beginnen.

Spätestens seit sie 1952 den Thron bestiegen hat, ist die Queen in derartige Abläufe und Rituale eingebunden.

Mit einer an Starrsinn grenzenden Beharrlichkeit und einer geradezu unerschöpflichen, höflich freundlichen Verbindlichkeit absolviert sie Termin für Termin, landauf, landab. Es ist gleichsam ihr Markenzeichen: ein demokratischer, staatsdienergleicher Anspruch an sich selbst, der auch so manch narzisstischem Premierminister gut zu Gesicht stünde.

Für all dies schätzen sie viele Briten, und auch mir nötigt diese Haltung Respekt ab. Zu einem Fels in der Brandung werden und es siebzig Jahre lang bleiben – wer kann das schon von sich behaupten? Nun halte ich schieres Durchhaltevermögen nicht für einen Wert an sich. Und das Leben der Queen ist ja nicht gerade von Entbehrungen, Einschränkungen oder Hindernissen geprägt, die sie ständig aufs Neue überwinden müsste. Aber sie verkörpert eine Form der Kontinuität, die mir durchaus sympathisch ist und die schlicht Zuversicht einflößen kann.

Vielleicht passt der Spruch »*Keep calm and carry on*« (Ruhe bewahren und weitermachen) am besten zur Königin, jene Mutmachparole vom Vorabend des 2. Weltkriegs, mit der das britische Informationsministerium die öffentliche Moral stärken und Ängste in der Bevölkerung lindern wollte. Tatsächlich trug Elizabeth als junge Lkw-Fahrerin und Mechanikerin in der Frauenabteilung des britischen Heeres, dem *Auxiliary Territorial Service* (ATS), zur Hebung der Moral bei. Selbstverständlich war das nicht.

Ich kenne die Queen seit meiner frühen Kindheit, und zwar aus Klatschmagazinen. An jedem Samstag brachte meine Mutter einen Stapel bunter Blättchen nach Hause. Während des Wochenendes wurden sie gründlich gewälzt. Für mich gab's *Fix und Foxi* und *Spider-Man*. Doch nachdem ich die Comichefte durchhatte, nahm ich mir die »Superhelden« aus dem europäischen Hochadel vor. Die erschienen mir ein bisschen menschlicher und aufgrund der häufigen, genüsslich breitgetretenen Skandale viel fehlbarer als Fantasiefiguren. Ich wurde Zeuge von Ehedramen, Partyentgleisungen, Erbfolgestreitigkeiten. Schon bald entwickelte ich mich zum achtjährigen Adelsexperten, der in der Thronfolge diverser Königshäuser ebenso bewandert war wie in den Fähigkeiten der »Spinne« Peter Parker.

Nur eine wirkte unfehlbar: die Queen. Über sie las ich in den 1970er-Jahren nie peinliche Enthüllungen oder pikante Spekulationen. Sie war einfach nur da und machte ihren Job. Und sie sah immer gleich aus, so ähnlich wie meine Mutter, die auch immer da war und ihren Job machte – und die Frisur der Queen (bis heute) kopiert. Bei uns daheim hatten wir keine Corgis, immerhin aber einen Pudel. Damit endeten die Gemeinsamkeiten auch schon. Der Buckingham Palace – oder auch Balmoral Castle – unterscheidet sich hinsichtlich Ausmaß und Ausstattung doch sehr von einem Häuschen in Oberfranken.

Erst sehr viel später erfuhr ich von den Verbindungen zwischen der deutschen Adelsfamilie Sachsen-Coburg und Gotha und dem britischen Königshaus, namentlich durch besagten Prinz Albert (1819–1861), und von der Umbenennung in den jetzigen Hausnamen Windsor während des 1. Weltkriegs. Albert genießt im oberfränkischen Coburg nach wie vor große Popularität. Dieser Umstand und die deutsche Herkunft von Prinz Philip machten die fernen Royals für mich ein kleines, ein winziges bisschen nahbarer.

Doch wie nahbar kann eine Frau sein, die in Palästen lebt, in denen man sich ohne Plan problemlos verläuft, und deren Privatvermögen grob geschätzt 420 Millionen Euro beträgt? Den Luxus, in dem die Queen lebt und der einem bei näherer Betrachtung wie eine Ansammlung goldener Käfige vorkommt, hat mich noch nie sonderlich beeindruckt. Was könnte man auch mit einem dieser monströs großen Kästen à la Balmoral anfangen? Das dortige »Wohnzimmer« soll einem »explodierten Trödelladen« gleichen, wie die *Daily Mail* schrieb. Nippes, Seidenblumen und durchgelegene Hundekörbchen neben einer musealen, in die Jahre gekommenen Einrichtung – in vielen schmucken Miet-Cottages lebt es sich praktischer und angenehmer.

Na gut, vielleicht wäre der Ballsaal des Schlosses für eine ausgelassene Feier mit Freunden geeignet? Die Queen richtet darin eine alljährliche Tanzveranstaltung aus, den sogenannten *Ghillies' Ball*. Auch Nachbarn, Mitglieder der lokalen Gemeinde und die Bediensteten von Balmoral dürfen daran teilnehmen. Es gibt Aufnahmen aus den 1990er-Jahren, die Elizabeth II. beim *Eightsome Reel* zeigen, einem schottischen Volkstanz, bei dem man gruppenweise Kreise bildet und munter durch die Gegend hopst. Sie und Prinz Philip waren begeisterte Tänzer.

Aber auch der Ballsaal hat Dimensionen, die den Hausgebrauch Normalsterblicher weit überschreiten. Also nicht ganz meine Kragenweite. Außerdem lieben Fledermäuse die wenig genutzte Räumlichkeit. Früher versuchte die Queen noch selbst, die Tiere mit einem Netz zu fangen und hernach in die Freiheit zu entlassen. Inzwischen feuert sie ihr Personal bei der Fledermaus-Jagd zumindest leidenschaftlich an.

Vieles auf Balmoral ist einfach nur furchtbar groß. Doch das kann auch Vorteile haben. Beneidenswert finde ich als Schottland-Fan die Tatsache, dass die Queen ihren Besitz nicht verlassen muss, um hoch zu Ross, in Wanderstiefeln oder mit einem Range Rover die kargen Täler und Hügel der Highlands zu durchstreifen und einen Hauch echter Wildnis zu erleben. Menschenleere und Naturnähe machen ja gerade den Reiz dieser einmaligen Landschaft aus. Die mit Heide und Ginster bewachsenen, steinigen Berghänge muten geradezu abstrakt an, die Aussichten sind atemberaubend. Königin Victoria ließ die Bahnlinie absichtlich nicht so weit ausbauen, dass sie bis nach Balmoral reichte. Der *Royal Train,* mit dem sie im 19. Jahrhundert anreiste, hielt in dem Örtchen Ballater, der Rest der Strecke wurde in der Kutsche bewältigt – früher Landschaftsschutz und durchaus eigennützig, denn Victoria wollte definitiv ihre Ruhe haben.

Wo, wenn nicht hier, kann die Queen also eine Freiheit genießen, die ein gekröntes, unter Personenschutz stehendes Haupt wie sie sonst kaum hat? Übrigens umfassen die Besitzungen von Balmoral auch eine Fischerhütte, die auf keiner Landkarte verzeichnet ist. An solchen Zufluchtsorten kann die Königin ganz für sich sein, dort steht sie nicht unter Beobachtung, die Paparazzi-Gefahr ist gleich null.

Dennoch kann es sein, dass ihr in Schottland, wie kürzlich bekannt wurde, Touristen über den Weg laufen. Beim Gassiführen ihrer zahlreichen Hunde trug sich dieser Vorfall zu. Die (amerikanischen) Touristen erkannten sie nicht und fragten, ob sie hier in der Gegend leben würde. Ja, sie habe ein Haus in der Nähe, erwiderte die Queen. Dann wollten die Leute wissen, ob sie jemals die Queen getroffen habe. Sie selbst nicht, antwortete die Queen und deutete auf ihren ehemaligen Sicherheitschef Richard Griffin: »Er aber schon.«

Wie eine Privatfrau darf sie sich auch verhalten, wenn der Premierminister zu Besuch kommt. Einmal während jedes Balmoral-Aufenthalts von August bis Oktober muss der aktuelle Amtsinhaber antanzen, noch keiner hat die Einladung ausgeschlagen. Boris Johnson ist der 14. Regierungschef, den sie nach Schottland zitiert hat. Zuvor nahmen Churchill, Eden, Macmillan, Douglas-Home, Heath, Wilson, Callagan, Thatcher, Major, Blair, Brown, Cameron und May die etwas umständliche Anreise auf sich, um zumindest einige Tage zu bleiben.

Von diesen Besuchen sind skurrile Begebenheiten überliefert. Tony Blair meinte, die ihm kredenzten Drinks schmeckten wie Raketentreibstoff. Er war auch überrascht, dass Prinz Philip beim Barbecue selbst Hand anlegte. Eingeweihte wissen selbstredend, dass der Herzog von Edinburgh als *King of the Grill* galt und alles auf den Rost warf, was ihm in die Finger geriet, bevorzugt selbst geangelten Lachs. Bei so einem königlichen Grillabend kam es schon einmal vor, dass die Queen höchstpersönlich das Geschirr abräumte, zur Spüle trug und abwusch. Margaret Thatcher schenkte ihr deshalb Gummihandschuhe zu Weihnachten.

Manch einer wird angesichts solcher Banalitäten nur mit den Schultern zucken. Für mich sind es rührend anmutende Versuche, wenigstens auf Balmoral ein halbwegs normales Leben zu führen und Gastfreundschaft wörtlich zu nehmen. Zwei Monate Erholung von zahllosen Repräsentationspflichten und von dem Gefühl, unter ständiger Beobachtung zu stehen, werden dann zu einer Annehmlichkeit, die unsereinem fremd vorkommt.

Vor dem Balmoral-Urlaub absolviert die Queen in Schottland einen Besuchsmarathon, die »*Royal Week*« bzw. »*Holyrood Week*«, benannt nach dem königlichen Palast in Edinburgh, Holyrood, wo die Queen während dieser Zeit residiert.

Auf dem Programm steht unter anderem eine sogenannte *Garden Party,* die mit einer herkömmlichen Gartenparty so gut wie nichts gemein hat, außer, dass sie draußen stattfindet. Es ist vielmehr ein Empfang für Tausende von Gästen des öffentlichen Lebens mit Ehrungen, Würdigungen und den üblichen kurzen Gesprächen. Doch auch Bodenständiges kommt während der »*Royal Week*« zu seinem Recht. 2021 hat sie zum Beispiel eine Fabrik in Glasgow besichtigt, in der das berühmt-berüchtigte Irn-Bru hergestellt wird, Schottlands Antwort auf Coca-Cola: ein koffeinhaltiger Softdrink, knallorange und pappsüß.

Ob sie das Zeug auch selbst trinkt? Wohl kaum. Dann schon eher ein Glas Wasser – aus einer speziellen Quelle in Hampshire, ein Liter des Hoflieferanten kostet derzeit 14,70 britische Pfund. Oder einen Gin Tonic, wie ihn schon die langlebige Queen Mum geschätzt hat. Oder ein Glas Champagner vor dem Schlafengehen, wie kolportiert wird. Whisky ist eher nicht ihr Fall. Als Lieblingsdrink der Queen gilt Dubonnet Gin, gemischt aus zwei Teilen Dubonnet, einem Wermut-Aperitif, und einem

Teil Gin. Angeblich nimmt sie den Cocktail stets zum Dinner zu sich.

So viel zu den Themen »Lebenswandel und Marotten«, obwohl die Trinkgewohnheiten der Queen eigentlich ihre Privatangelegenheit sein sollten. Doch alles an ihr scheint irgendwie wichtig und auch relevant zu sein, weil sie nun mal das Staatsoberhaupt des Vereinigten Königreichs ist. Was mich zur politischen Rolle von Elizabeth II. führt. Laut Protokoll repräsentiert sie lediglich die Krone und übernimmt zeremonielle Aufgaben. Politik ist ausschließlich Sache der vom Volk gewählten Parlamentarier. Das Volk soll de facto mehr Macht besitzen als die Queen, obwohl diese formal die höchste Position innehat. Sie muss politisch neutral bleiben. Ohne die Empfehlung des Premierministers oder anderer Minister darf sie das Parlament nicht auflösen, keine Kriege erklären oder eigene Dekrete erlassen. Hat das Parlament ein Gesetz verabschiedet, muss sie es zwingend unterzeichnen, daran führt kein Weg vorbei.

Festgelegt ist das nirgendwo so richtig, da das Vereinigte Königreich keine geschriebene Verfassung besitzt. Alles fußt auf Gewohnheiten, Anstandsregeln und früheren Präzedenzfällen. Wie prekär diese Situation ist, haben die Referenden von 2014 (Schottland) und 2016 (Brexit) sowie der Regierungsstil von Boris Johnson gezeigt.

In der Frage der schottischen Unabhängigkeit ließ sich die Queen 2014 zu einer umstrittenen Aussage verleiten. Die Schotten sollten »sehr genau über ihre Zukunft nachdenken«, mahnte sie damals. Wie später herauskam, hat sie der damalige Premier David Cameron um Unterstützung gebeten in seinem Ansinnen, die Unabhängigkeit der Schotten zu verhindern. Das Referendum ging wie folgt aus: 55,3 % votierten gegen die Unabhängigkeit, 44,7 % dafür. Dies war vermutlich im Sinne der Queen, aber wie schon gesagt, streng genommen hat sie Neutralität zu wahren.

Ein kurzes Gedankenspiel: Wenn die Schotten 2014 mehrheitlich für die Unabhängigkeit gestimmt hätten, wäre die Queen dann nominell Königin von Schottland geblieben? Oder hätte sich Schottland zur Republik erklärt und die Monarchie abgeschafft? Beides lag – und liegt – im Bereich des Möglichen, auch wenn die Schotten laut Umfragen eher dazu neigen, die Queen »zu behalten«. Klären lässt sich diese Frage wohl nur durch eine nationale Debatte, einen Beschluss des (schottischen) Parlaments und / oder eine Abstimmung über die künftige Staatsform Schottlands. Der Ausgang ist durchaus ungewiss.

Derzeit laufen Bestrebungen für ein weiteres Unabhängigkeitsreferendum, da sich die Lage Schottlands durch den Brexit und den damit verbundenen Austritt aus der EU substanziell verändert hat. Zur Erinnerung: Im Jahre 2016 stimmten 51,9 % aller Briten für den Brexit, 48,1 % waren für einen Verbleib in der EU. Bei den Schotten ging es genau andersherum aus: 62 % lehnten den Brexit ab, nur 38 % stimmten dafür, ein klares Votum für die EU.

Erneut gab die Queen eine Art Statement ab, diesmal nicht mündlich oder gar schriftlich, sondern durch die Wahl ihres Outfits. Beim Verlesen der Regierungserklärung 2017 trug sie ein blaues Kleid und einen Hut, die überdeutlich der EU-Flagge nachempfunden waren. Aber zu diesem Zeitpunkt war das Kind schon in den Brunnen gefallen, die »*Vote Leave*«-Kampagne hatte knapp obsiegt. Der Brexit wurde dann von der Regierung Johnson endgültig vollzogen – mit überwiegend negativen Folgen sowohl für Briten als auch für EU-Bürger, soweit das momentan absehbar ist.

Die Rolle der Queen bei diesen so eminent wichtigen, für Wohl und Wehe des Vereinigten Königreichs entscheidenden Fragen kann nicht anders als widersprüchlich und ein wenig tragisch bezeichnet werden. Einerseits verfügt sie über große Autorität, ihre Worte und Handlungen haben Gewicht, und mit Sicherheit hat sie auch eine politische Meinung. Andererseits darf sie diese aber nicht offen zum Ausdruck bringen und ist letztlich machtlos. Schlimmer noch: Jeder ihrer zeremoniellen Auftritte wie die *Queen's Speech,* bei der sie die Pläne der Regierung kundtut, lässt sich vom jeweiligen Premierminister für seine Zwecke instrumentalisieren, zuletzt vor den Neuwahlen im Dezember 2019, als die *Queen's Speech* nolens volens zu einer Wahlkampfrede für die von Boris Johnson auf einen nationalistischen Rechtskurs getrimmte Tory-Partei geriet.

Ich halte die Queen für eine gemäßigte Konservative, die den Status quo wie keine Zweite personifiziert. Das Problem ist, dass es vorbei ist mit diesem Status quo. Der Austritt aus der EU ist so tiefgreifend und eben kein Rückfall in vermeintlich goldene Vor-EU-Zeiten, wie die *Vote-Leave*-Kampagne glauben zu machen versuchte, dass im Grunde alles neu geordnet und auch neu definiert werden muss, vor allem das Selbstverständnis Großbritanniens und seine Rolle in der Weltpolitik. Darauf hat die aktuelle Regierung aber noch keine vernünftigen Antworten gegeben. Das Einzige, was die Torys unter Johnson praktizieren, ist ein trotziger, fremdenfeindlicher Isolationismus, der nur noch England im Blick hat. Dass die Union des Vereinigten Königreichs im Zuge der Loslösung Schottlands und vielleicht auch Nordirlands auseinanderzubrechen droht, scheint billigend in Kauf genommen zu werden.

Das kann die Queen nicht gutheißen, aber sie kann auch nichts dagegen tun, ohne sich dem Vorwurf der Parteinahme auszusetzen. Für wen sollte sie auch Partei nehmen? Die Situation ist ziemlich verfahren.

Elizabeth II. wirkt wie ein Relikt einer zu Ende gehenden Epoche. Ein bisschen kommt sie mir wie ein Maskottchen vor, das nur noch symbolische Funktionen erfüllt – nicht unähnlich dem Shetlandpony Cruachan IV. Darüber können auch die zahllosen, überaus verdienstvollen Wohltätigkeitsprojekte der Royals nicht hinwegtäuschen.

Was also bleibt? Sinkt die Queen in der letzten Phase ihrer Regentschaft zur drolligen *Celebrity* herab, zu einer lebenden Wachsfigur aus Madame Tussauds Kabinett?

Die Zustimmungsraten zur Monarchie liegen stabil über 60 Prozent, zu ihren Lebzeiten braucht sie sich also keine Sorgen zu machen. Aber was geschieht danach? Bei der jüngeren Generation bröckeln die Werte. Nur ein Drittel der Befragten ist noch dafür, das Königtum beizubehalten.

Meine persönliche Ansicht dazu möchte ich anhand einer Begebenheit darlegen, die ich gar nicht bewusst erlebt habe und die sich kurz nach meiner Geburt im Jahre 1966 ereignet hat. Damals kam es zu einem katastrophalen Erdrutsch in dem walisischen Bergarbeiterdorf Aberfan. Eine riesige, 34 Meter hohe Abraumhalde begrub zahlreiche Gebäude unter sich, zwanzig Häuser, eine Farm, fast die gesamte Pantglas-Grundschule und Teile der benachbarten Mittelschule. 144 Menschen wurden getötet, 116 davon Kinder. Es war eine Tragödie nationalen Ausmaßes. Die Reaktion der Queen zeigt beispielhaft das Dilemma, in dem sie seit ihrer Krönung steckt.

Blicken wir zurück: Am 21. Oktober 1966 kommt es nach Starkregen zu dem verhängnisvollen Unglück, eine Folge des damals längst nicht mehr rentablen Kohleabbaus. Die Queen ist erschüttert, bestürzt, zumal sie zu dieser Zeit selbst noch junge Mutter ist, Edward wurde 1964 geboren. Aber sie ist die Königin, und als solche hat sie Haltung zu bewahren, denkt sie, und Standhaftigkeit zu demonstrieren. Affektkontrolle gehört ja zu den britischen Tugenden: ruhig und fest zu bleiben auch in Zeiten der Not, »*Keep calm and carry on*«, das Kriegsmotto, wir erinnern uns. Außerdem hat sie laut der königlichen Biografin Sally Bechdel Smith Angst, dass der Rummel um ihre Person die Suche nach Überlebenden behindern könnte.

Zunächst schickt sie also nur eine Beileidsbekundung nach Aberfan, und den deutlich medienaffineren Prinz Philip schickt sie gleich mit, er reist schon einen Tag nach dem Erdrutsch nach Wales und besucht das Bergarbeiterdorf. Aus heutiger Sicht ist uns sofort klar: Was für ein Fehler! Tatsächlich wird es ihr von der Öffentlichkeit und vor allem von den Walisern übel genommen, dass sie nicht persönlich in Aberfan erscheint, ein Skandal bahnt sich an.

Erst eine gute Woche später, am 29. Oktober, trifft die Königin dann selbst in Aberfan ein, spricht mit den Hinterbliebenen der Opfer, nimmt sichtlich ergriffen vor dem Ehrengrabmal Aufstellung. Und vergießt eine Träne.

Um diese Träne wird bis heute viel Aufhebens gemacht. Ihr ehemaliger Privatsekretär und damaliger Mitarbeiter des königlichen Pressebüros, Sir William Heseltine, erklärt in der Dokumentation »Elizabeth: Our Queen«, es sei eines der wenigen Male gewesen, dass die Königin in der Öffentlichkeit geweint habe.

Die seit 2016 laufende TV-Serie »The Crown« widmet dem Aberfan-Ereignis sogar eine ganze Staffel und legt nahe, dass die Träne Fake und ihr Mitgefühl nur gespielt gewesen sei – obwohl die historischen Fotografien und Fernsehaufnahmen des Besuchs in Aberfan eine ganz andere Sprache sprechen, das lässt sich leicht überprüfen, es gibt dazu zahlreiche YouTube-Videos und Berge an Bildern. Doch die Drehbuchautoren von »The Crown« gehen noch einen Schritt weiter und lassen die Schauspielerin Olivia Colman in deren Rolle als Queen in einer Szene sagen, dass sie schon als Kind in tragischen Situationen nicht weinen konnte und sie erkannt habe, etwas würde mit ihr »nicht stimmen«. Wow! Das nenne ich mal dichterische Freiheit.

Belegt ist das nicht, wohl eher dramatisch zugespitzt hinsichtlich der einzigen Währung, die in den Boulevardmedien zählt: die Zurschaustellung von Emotionen bzw. das Fehlen derselben. Und selbst wenn es der Wahrheit entspräche, dass die Queen als junge Regentin Mühe hatte, ihre Trauer zu zeigen: Müsste man sie dann nicht vielmehr bedauern, weil sie ihre Emotionen aufgrund zahlreicher Prägungen und Zwänge nicht zu Markte tragen kann oder will oder am Ende gar über eine eingeschränkte Empfindsamkeit verfügt? Oder andersherum gefragt: Sollte man sie nicht, gestern wie heute, für ihre Gefasstheit bewundern in Zeiten, da Emotionen so leicht manipulierbar erscheinen und zu Fehldeutungen Anlass geben?

Ganz ehrlich, mir wäre es lieber, wenn Menschen in verantwortungsvollen Positionen generell eher einen kühlen Kopf bewahren und nicht allzu nahe am Wasser gebaut wären, damit ihre Entscheidungsfähigkeit nicht beeinträchtigt wird. Selbstbeherrschung halte ich da für eine wünschenswerte Eigenschaft – und öffentliche Gefühlsausbrüche für populistisches Kalkül. Königin zu sein, ist eben keine Reality Show, auch wenn es auf schlichte Gemüter manchmal so wirkt.

Abgesehen davon finde ich es sexistisch, von der Queen solch heteronormative, als »weiblich« geltende emotionale Reaktionen zu erwarten und einzufordern. Bei Prinz Charles würde man das zum Beispiel nicht tun. Ihr stoisches Auftreten als Empathielosigkeit, Gefühlskälte und Hartherzigkeit auszulegen, ein Vorwurf, der Elizabeth II. zeitlebens begleitet hat, entspringt zu einem nicht geringen Teil den gängigen Geschlechterklischees: Frauen sollen gefälligst Emotionen zeigen, Männer lieber nicht. Bleibt mir bloß weg mit diesem binären Bullshit! Darüber sind wir doch längst hinaus, oder?

Zur ganzen Wahrheit gehören übrigens die isolierte Kindheit der Queen, die fehlende formale Schulbildung, eine frühe Ausrichtung auf Ordnung und Prozedere und vieles mehr, was ursächlich für ihr Verhalten heranzuziehen wäre, falls man denn Küchenpsychologie betreiben wollte. Dass sie mit Pferden besser klarkommt als mit den meisten Menschen – wer möchte es ihr verdenken? Ich kenne Katzenfreaks, auf die Ähnliches zutrifft. Darüber regt sich niemand auf. Tierethik *rules!*

Jedenfalls bedauert die Queen ihr Versäumnis, Aberfan nicht früher besucht zu haben, von allen ihren Fehlleistungen und Fehleinschätzungen am meisten. Das hat sie in der Vergangenheit wiederholt geäußert. Und sie ist im Laufe der Jahre mehrmals nach Aberfan zurückgekehrt, um ihre Anteilnahme glaubhaft zu bezeugen. Natürlich hat sie auch eine neue Schule eröffnet.

Abschließend beschäftigt mich eine letzte Frage: Ist die Queen hinter der Dauerdebatte um die öffentliche Wirkung ihrer Auftritte überhaupt noch als Privatperson erkennbar? Und wie ist sie so drauf? Möchte man mit ihr gern einen Gin Tonic trinken? Warum trägt sie in den Highlands Kopftuch? Warum mag sie ihr Rinderfilet gut durchgebraten und nicht blutig, das schmeckt doch nicht! Nerven sie Harry und Meghan? Setzt sie Prinz Andrew endlich vor die Tür?

Dies alles hat mich zugegebenermaßen noch nie sonderlich interessiert. Wie bereits erwähnt, habe ich die Queen in der Kindheit als moralische Instanz wahrgenommen, als Mutter-Lookalike, auch als Repräsentatin des Barbour-Jacken-England und einer romantisierenden Schottland-Liebe. Unnötig zu sagen, dass sie mir in der Jugend als spießig und verknöchert vorkam. Aber das tat meiner Anglophilie keinen Abbruch, im Gegenteil. Aus meiner Sicht steht sie für eine Version Großbritanniens, wie sie mir durchaus sympathisch ist: Ihre behutsame Modernisierung des Königtums seit den 1950er-Jahren machte aus den Royals eine Charity-Familie, deren Engagement etwa während der sozialen Kälte der Thatcher-Jahre bitter nötig war und Vorbildcharakter hatte. Als ich Mitte der 1980er-Jahre vor der südafrikanischen Botschaft in London gegen Apartheid demonstrierte und den aufmarschierten Polizisten Blumen in den Gewehrlauf steckte, bekam ich zusätzlich Respekt vor der Queen, weil sie sich gegen die Rassentrennung in Südafrika aussprach. Sie versuchte, die ewige Klage um das verlorene Empire und die damit verbundenen revisionistischen Tendenzen durch das positive Narrativ eines Völker verbindenden, internationalen Commonwealth zu ersetzen. Dieser Gedanke ist zwar schon wieder überholt, der Commonwealth hatte ja auch reichlich koloniale Schattenseiten, die dringend der Aufarbeitung bedürfen, ist also nur bedingt geeignet als weltpolitische Folie für die Zukunft. Doch die Impulsgebung zählt, finde ich, und das gilt auch für die Annäherung Großbritanniens an Europa. Die hielt ja fast 47 Jahre, und die Queen hat diesen Prozess meiner Meinung nach wohlwollend beobachtet, ohne je eindeutig Position zu beziehen – abgesehen von dem besagten EU-Kleid von 2017. Sie kann als eine aufgeklärte Absolutistin ohne Macht gelten, als Botschafterin des Goodwills und der Fürsorge nach innen und außen.

Dass ihre Zöglinge zuzeiten dem Seifenoperbedürfnis der Medien nachgeben und immer wieder so manch dicken Hund produzieren, dafür kann sie nichts. All die Trennungsdramen der Royals – geschenkt. Ihre Kinder und Enkel sind längst erwachsen, auch wenn es manchmal nicht so scheint. Aber das kommt in den besten Familien vor.

Ein Highlander öffnet die Tür. Zuerst wird ein pinkfarbener Hut sichtbar, gefolgt von einem pinkfarbenen Mantel.

Ich mag dieses Pink. Sie hat es bei der Ankunft in Balmoral bestimmt ganz bewusst angezogen – nach der Trauer in Schwarz um Prinz Philip, der vor genau vier Monaten verstarb. Ein Zeichen, dass es weitergeht, auch mit fünfundneunzig. Mit einem milden Lächeln auf den Lippen. Ihre blauen Augen bleiben stets die gleichen.

Carry on, Queen!

ANHANG

DIE AUTORINNEN
UND AUTOREN

Ann Anders, geboren in London von emigrierten Eltern des politischen Widerstands. Rückkehr nach Deutschland. Studium der Anglistik und Kunstgeschichte in Frankfurt und London, Promotion, Übersetzungen, Herausgaben, Verlagslektorat, Mitarbeit bei Ausstellungen, Stadtverordnete, Kulturpolitische Verwaltung.

Nina George, geboren 1973 in Bielefeld, ist mehrfach ausgezeichnete internationale Bestsellerautorin. Sie schreibt und veröffentlicht seit 1992. Ihr Roman »Das Lavendelzimmer« wurde in 36 Sprachen übersetzt und eroberte weltweit die Charts, so etwa die *New York Times*-Bestsellerliste. George lebt in Berlin und in der Bretagne. Seit Juni 2019 ist Nina George Präsidentin des European Writers' Council. (www.ninageorge.de)

Thomas Kielinger lebt als Autor seit über 20 Jahren in London. Er war über längere Zeit hinweg Korrespondent der Tageszeitung *DIE WELT* und ist mit Biografien über Elizabeth I., Elizabeth II. und Winston Churchill sowie einer Geschichte Großbritanniens hervorgetreten.

Mariae Gloria Fürstin von Thurn und Taxis, Jahrgang 1960, geborene Gräfin von Schönburg-Glauchau, ist Unternehmerin. Im Schloss St. Emmeram in Regensburg führt sie eines der größten Privatmuseen Europas und gründete dort alljährliche Schloss-Festspiele und den Romantischen Weihnachtsmarkt.

Fürstin Gloria veröffentlicht regelmäßig Beiträge zu gesellschaftlichen Themen – im TV, online, in Magazinen, Zeitungen und Büchern.

Sali Hughes, geboren 1975, ist ein wahres Multitalent: Sie ist Bestsellerautorin, Influencerin, Journalistin, Moderatorin und Sprecherin. Sie schreibt für die *Vogue,* die *Elle* und den *Stylist,* ist darüber hinaus Beauty-Redakteurin beim *Guardian* und hat eine eigene YouTube-Sendung, »In the Bathroom with …«. 2018 war sie Mitbegründerin des Non-Profit-Kollektivs Beauty Banks, das Hygieneartikel an Bedürftige verschickt. Mit ihrem Ehemann und zwei Söhnen lebt sie in Brighton.

Franziska Augstein, geboren in Hamburg, ist Lokalpatriotin und anglophil. Sie studierte Geschichte, Politologie und Philosophie in Berlin, Bielefeld und an der University of Sussex. 1996 wurde sie am University College London mit einer Arbeit über frühe Rassetheorien promoviert. Von 1997 bis 2001 war sie Redakteurin im Feuilleton der *FAZ,* anschließend bei der *Süddeutschen Zeitung.* U. a. veröffentlichte sie die Biografie »Von Treue und Verrat. Jorge Semprún und sein Jahrhundert«. (www.augstein.org)

Renate von Matuschka war nach dem Studium von Zeitungswirtschaft, Soziologie und Germanistik für Zeitungen und Rundfunk tätig. Viele Jahre arbeitete sie als Lektorin in einem Taschenbuch-Verlag und danach als freie Journalistin und Autorin, u. a. für Zeitungen *(Süddeutsche Zeitung, DIE ZEIT)* und die Bayerische Staatsoper, war Herausgeberin diverser Sachbücher und Ghostwriterin für bekannte Personen aus dem musikalischen und darstellenden Bereich. Renate von Matuschka lebt in München.

Patricia Dreyer, geboren und aufgewachsen in Lüchow-Dannenberg / Niedersachsen, studierte Anglistik, Geschichte und Germanistik (M. A.) in Berlin, Hamburg und Cardiff / Wales, absolvierte ein Volontariat bei der *Hamburger Morgenpost,* war Redakteurin u. a. bei *Bild* und ist seit April 2007 bei SPIEGEL.de tätig.

Pieke Biermann, geboren 1950, lebt und arbeitet in Berlin als Schriftstellerin und Übersetzerin. 2020 bekam sie den Preis der Leipziger Buchmesse für die Übersetzung von Fran Ross' Roman »Oreo«; ihre Romane von 1987–97 sind vielfach ausgezeichnete Klassiker und 2021 als »Berlin-Quartett« wieder aufgelegt worden.

Thomas Kastura, geboren 1966 in Bamberg, lebt ebenda, studierte Germanistik und Geschichte und arbeitet seit 1996 als Autor für den Bayerischen Rundfunk. Er hat zahlreiche Erzählungen, Jugendbücher und Kriminalromane geschrieben, u. a. »Der vierte Mörder« (2007 auf Platz 1 der *KrimiWelt*-Bestenliste). Unter dem Pseudonym **Gordon Tyrie** schreibt er Thriller, die auf den Hebriden angesiedelt sind. Zuletzt erschien »Schottensterben« (2020). Für die Erzählung »Genug ist genug« ist er mit dem Glauser-Preis ausgezeichnet worden.

Die Herausgeberin **Denise Schweida,** geboren 1968, arbeitet als Lektorin im Münchner Verlagshaus Droemer Knaur und widmet einen Großteil ihrer Zeit Büchern, Musik und Königshäusern. Bislang erschien von ihr der Titel »66 Dinge, die Sie tun können, wenn Sie in Rente sind« (mit Ilka Heinemann, Knaur, 2021).

QUELLENNACHWEIS
DER TEXTE

Ann Anders, *Queenie und ich.* Originalbeitrag. © 2021 by Ann Anders. Mit freundlicher Genehmigung der Autorin.

»*Sie sehen das Feuerwerk*« in DER SPIEGEL 24/1953, S. 30 ff.

Nina George, *Die letzte Demokratin.* Originalbeitrag. © 2021 by Nina George. Mit freundlicher Genehmigung der Autorin.

Thomas Kielinger, *Komplett fühlt sich die Queen nur mit dem Commonwealth.* Originalbeitrag. © 2021 by Thomas Kielinger. Mit freundlicher Genehmigung des Autors.

»*Die Elizabethaner*« in DER SPIEGEL 7/1952, S. 22.

Mariae Gloria Fürstin von Thurn und Taxis, *Nobody does it better! Königin Elizabeth II. ist der Gold-Standard für Staatsoberhäupter.* Originalbeitrag. © 2021 by Gloria Fürstin von Thurn und Taxis. Mit freundlicher Genehmigung der Autorin.

Sali Hughes, *Die Farben der Queen. Vorwort der deutschen Ausgabe.* © 2019 der Originalausgabe by Sali Hughes, erschienen unter dem Titel »Our Rainbow Queen« bei *Square Peg*, einem Imprint von *Vintage* in der Verlagsgruppe Penguin Random House.

© 2019 der deutschsprachigen Ausgabe by Sali Hughes, erschienen unter dem Titel »Die Farben der Queen« im Knaur Verlag. Aus dem Englischen übersetzt von Christiane Bernhardt.

Franziska Augstein, *Im Bett mit Elizabeth.* Originalbeitrag. © 2021 by Dr. Franziska Augstein. Mit freundlicher Genehmigung der Autorin.

Renate von Matuschka, *Meine Freundin, die Königin.* Originalbeitrag. © 2021 by Renate von Matuschka. Mit freundlicher Genehmigung der Autorin.

Patricia Dreyer, *Der Schwamm und die Drama-Queen: Elizabeth, Diana und die Würde Ihrer Majestät.* Originalbeitrag. © 2021 by Patricia Dreyer. Mit freundlicher Genehmigung der Autorin.

Pieke Biermann, *Guilty Pleasures.* Originalbeitrag. © 2021 by Pieke Biermann. Mit freundlicher Genehmigung der Autorin.

Gordon Tyrie, *Die Queen in Schottland.* Originalbeitrag. © 2021 by Thomas Kastura. Mit freundlicher Genehmigung des Autors.

BILDNACHWEIS

Seite 11   picture alliance / ASSOCIATED PRESS
Seite 23   picture alliance / Photoshot
Seite 31   picture alliance / Keystone
Seite 41   picture alliance / ASSOCIATED PRESS
Seite 59   picture alliance / TopFoto
Seite 63   picture alliance / ZUMAPRESS.com
Seite 77   picture alliance / Everett Collection
Seite 89   picture-alliance / dpa
Seite 103   mauritius images / Alamy
Seite 123   1987 AP
Seite 135   picture alliance / Photoshot
Seite 139   picture alliance / empics

Sali Hughes
DIE FARBEN DER QUEEN

Queen Elizabeth II. und ihr ikonischer
Colour-Blocking-Stil - Mode, die in allen Farben
des Regenbogens leuchtet.

Eine einzigartige Sammlung und
fotografische Zeitreise durch die farbenprächtige
Regentschaft der Königin von England.

Tina Brown

DIANA

Die Biographie

Der Mythos Diana …
… hat bis heute nichts an Faszination und Strahlkraft verloren. Tina Brown bringt uns die Königin der Herzen mit all ihren Stärken und Schwächen so nah wie niemand zuvor.

Das Standardwerk.

»Tina Browns Buch ist … das Beste,
was je über Diana erschienen ist.«
Der Spiegel

»Der Idealfall einer Biographie.«
Die Zeit

»Ein tolles Buch … klug, lustig, lehrreich,
manchmal böse, manchmal rührend und
immer unterhaltsam.«
Die Weltwoche